TRANZLATY

La Langue est pour tout le Monde

Kieli kuuluu kaikille

Le Manifeste Communiste

Kommunistinen Manifesti

Karl Marx
&
Friedrich Engels

Français / Suomi

Published by Tranzlaty
ISBN: 978-1-80572-364-6
Original text by Karl Marx and Friedrich Engels
The Communist Manifesto
First published in 1848
www.tranzlaty.com

Introduction
Johdanto

Un spectre hante l'Europe : le spectre du communisme
Eurooppaa vainoaa aave – kommunismin haamu
Toutes les puissances de la vieille Europe ont conclu une sainte alliance pour exorciser ce spectre
Kaikki vanhan Euroopan vallat ovat liittyneet pyhään liittoon manataakseen tämän aaveen
Le pape et le tsar, Metternich et Guizot, les radicaux français et les espions de la police allemande
Paavi ja tsaari, Metternich ja Guizot, ranskalaiset radikaalit ja saksalaiset poliisivakoojat
Où est le parti dans l'opposition qui n'a pas été décrié comme communiste par ses adversaires au pouvoir ?
Missä on oppositiopuolue, jota sen vallassa olevat vastustajat eivät ole tuominneet kommunistiseksi?
Où est l'opposition qui n'a pas rejeté le reproche de marque du communisme contre les partis d'opposition les plus avancés ?
Missä on oppositio, joka ei ole heittänyt takaisin kommunismin leimausmoitetta edistyneempiä oppositiopuolueita vastaan?
Et où est le parti qui n'a pas porté l'accusation contre ses adversaires réactionnaires ?
Ja missä on puolue, joka ei ole esittänyt syytöksiä taantumuksellisia vastustajiaan vastaan?
Deux choses résultent de ce fait
Tästä seuraa kaksi asiaa
I. Le communisme est déjà reconnu par toutes les puissances européennes comme étant lui-même une puissance
I. Kaikki Euroopan vallat ovat jo tunnustaneet kommunismin itse vallaksi
II. Il est grand temps que les communistes publient ouvertement, à la face du monde entier, leurs vues, leurs buts et leurs tendances

II. Kommunistien on korkea aika avoimesti koko maailman edessä julkistaa näkemyksensä, päämääränsä ja taipumuksensa

ils doivent répondre à ce conte enfantin du spectre du communisme par un manifeste du parti lui-même

heidän on kohdattava tämä kommunismin aaveen lastentarhatarina puolueen itsensä manifestilla

À cette fin, des communistes de diverses nationalités se sont réunis à Londres et ont esquissé le manifeste suivant

Tätä tarkoitusta varten eri kansallisuuksia edustavat kommunistit ovat kokoontuneet Lontooseen ja luonnostelleet seuraavan manifestin

ce manifeste sera publié en anglais, français, allemand, italien, flamand et danois

Tämä manifesti julkaistaan englannin, ranskan, saksan, italian, flaamin ja tanskan kielellä

Et maintenant, il doit être publié dans toutes les langues proposées par Tranzlaty

Ja nyt se julkaistaan kaikilla Tranzlatyn tarjoamilla kielillä

Les bourgeois et les prolétaires
Porvaristo ja proletariat

L'histoire de toutes les sociétés qui ont existé jusqu'à présent est l'histoire des luttes de classes
Kaikkien tähän asti olemassa olleiden yhteiskuntien historia on luokkataistelujen historiaa

Homme libre et esclave, patricien et plébéien, seigneur et serf, maître de guilde et compagnon
Freeman ja orja, patriisi ja plebeija, herra ja maaorja, kiltamestari ja kisälli

en un mot, oppresseur et opprimé
sanalla sanoen, sortaja ja sorrettu

Ces classes sociales étaient en opposition constante les unes avec les autres
Nämä yhteiskuntaluokat olivat alituisessa vastakkainasettelussa

Ils se sont battus sans interruption. Maintenant caché, maintenant ouvert
He jatkoivat keskeytymätöntä taistelua. Nyt piilossa, nyt auki

un combat qui s'est terminé par une reconstitution révolutionnaire de la société dans son ensemble
taistelu, joka joko päättyi koko yhteiskunnan vallankumoukselliseen jälleenrakentamiseen

ou un combat qui s'est terminé par la ruine commune des classes en lutte
tai taistelu, joka päättyi kilpailevien luokkien yhteiseen tuhoon

Jetons un coup d'œil aux époques antérieures de l'histoire
Katsokaamme taaksepäin historian aikaisempiin aikakausiin

Nous trouvons presque partout un arrangement compliqué de la société en divers ordres
Löydämme melkein kaikkialla monimutkaisen yhteiskunnan järjestelyn eri järjestyksiin

Il y a toujours eu une gradation multiple du rang social
Sosiaalinen asema on aina ollut moninkertainen

Dans la Rome antique, nous avons des patriciens, des chevaliers, des plébéiens, des esclaves

Muinaisessa Roomassa meillä on patriisit, ritarit, plebeijit, orjat

au Moyen Âge : seigneurs féodaux, vassaux, maîtres de corporation, compagnons, apprentis, serfs

keskiajalla: feodaaliset herrat, vasallit, kiltamestarit, kisällit, oppipojat, orjat

Dans presque toutes ces classes, encore une fois, les gradations subordonnées

Lähes kaikissa näissä luokissa taas alisteiset asteikot

La société bourgeoise moderne est née des ruines de la société féodale

Nykyaikainen porvarisyhteiskunta on versonut feodaalisen yhteiskunnan raunioista

Mais ce nouvel ordre social n'a pas fait disparaître les antagonismes de classe

Mutta tämä uusi yhteiskuntajärjestys ei ole poistanut luokkavastakohtaisuuksia

Elle n'a fait qu'établir de nouvelles classes et de nouvelles conditions d'oppression

Se on vain luonut uusia luokkia ja uusia sorron olosuhteita

Il a mis en place de nouvelles formes de lutte à la place des anciennes

Se on vakiinnuttanut uusia taistelumuotoja vanhojen tilalle

Cependant, l'époque dans laquelle nous nous trouvons possède un trait distinctif

Aikakaudella, jossa olemme, on kuitenkin yksi erottuva piirre

l'époque de la bourgeoisie a simplifié les antagonismes de classe

porvariston aikakausi on yksinkertaistanut luokkavastakohtaisuuksia

La société dans son ensemble se divise de plus en plus en deux grands camps hostiles

Koko yhteiskunta on yhä enemmän jakautumassa kahteen suureen vihamieliseen leiriin

deux grandes classes sociales qui se font directement face : la bourgeoisie et le prolétariat

kaksi suurta yhteiskuntaluokkaa, jotka ovat suoraan vastakkain: porvaristo ja proletariaatti

Des serfs du Moyen Âge sont sortis les bourgeois agréés des premières villes

Keskiajan maaorjista syntyivät varhaisimpien kaupunkien rahdatut porvarit

C'est à partir de ces bourgeois que se sont développés les premiers éléments de la bourgeoisie

Näistä porvareista kehitettiin porvariston ensimmäiset elementit

La découverte de l'Amérique et le contournement du Cap

Amerikan löytäminen ja Kapin pyöristäminen

ces événements ont ouvert un nouveau terrain à la bourgeoisie montante

nämä tapahtumat avasivat uuden maaperän nousevalle porvaristolle

Les marchés des Indes orientales et de la Chine, la colonisation de l'Amérique, le commerce avec les colonies

Itä-Intian ja Kiinan markkinat, Amerikan kolonisaatio, kauppa siirtomaiden kanssa

l'augmentation des moyens d'échange et des marchandises en général

vaihtovälineiden ja yleensä tavaroiden lisääntyminen

Ces événements donnèrent au commerce, à la navigation et à l'industrie une impulsion jamais connue jusque-là

Nämä tapahtumat antoivat kaupalle, navigoinnille ja teollisuudelle impulssin, jota ei ole koskaan ennen tunnettu

Elle a donné un développement rapide à l'élément révolutionnaire dans la société féodale chancelante

Se antoi nopean kehityksen horjuvan feodaalisen yhteiskunnan vallankumoukselliselle elementille

Les guildes fermées avaient monopolisé le système féodal de la production industrielle

Suljetut killat olivat monopolisoineet teollisen tuotannon
feodaalisen järjestelmän
**Mais cela ne suffisait plus aux besoins croissants des
nouveaux marchés**
Tämä ei kuitenkaan enää riittänyt uusien markkinoiden
kasvaviin tarpeisiin
**Le système manufacturier a pris la place du système féodal
de l'industrie**
Valmistusjärjestelmä korvasi feodaalisen
teollisuusjärjestelmän
**Les maîtres de guilde étaient poussés d'un côté par la classe
moyenne manufacturière**
Kiltamestarit työnnettiin syrjään valmistavan keskiluokan
toimesta
**La division du travail entre les différentes corporations a
disparu**
Työnjako eri yrityskiltojen välillä katosi
La division du travail s'infiltrait dans chaque atelier
Työnjako tunkeutui jokaiseen työpajaan
**Pendant ce temps, les marchés ne cessaient de croître et la
demande ne cessait d'augmenter**
Sillä välin markkinat jatkoivat kasvuaan ja kysyntä kasvoi
jatkuvasti
**Même les usines ne suffisaient plus à répondre à la
demande**
Edes tehtaat eivät enää riittäneet vastaamaan vaatimuksiin
**À partir de là, la vapeur et les machines ont révolutionné la
production industrielle**
Tämän jälkeen höyry ja koneet mullistivat teollisen tuotannon
**La place de fabrication a été prise par le géant de l'industrie
moderne**
Valmistuspaikan otti jättiläinen, moderni teollisuus
**La place de la classe moyenne industrielle a été prise par des
millionnaires industriels**
Teollisen keskiluokan paikan ottivat teolliset miljonäärit

la place de chefs d'armées industrielles entières ont été prises par la bourgeoisie moderne
kokonaisten teollisuusarmeijoiden johtajien paikan otti nykyaikainen porvaristo
la découverte de l'Amérique a ouvert la voie à l'industrie moderne pour établir le marché mondial
Amerikan löytäminen tasoitti tietä nykyaikaiselle teollisuudelle maailmanmarkkinoiden perustamiseksi
Ce marché donna un immense développement au commerce, à la navigation et aux communications par terre
Nämä markkinat kehittivät valtavasti kauppaa, navigointia ja maaviestintää
Cette évolution a, en son temps, réagi à l'extension de l'industrie
Tämä kehitys on aikanaan reagoinut teollisuuden laajenemiseen
elle a réagi proportionnellement à l'expansion de l'industrie et à l'extension du commerce, de la navigation et des chemins de fer
Se reagoi suhteessa siihen, miten teollisuus laajeni ja miten kauppa, navigointi ja rautatiet laajenivat
dans la même proportion que la bourgeoisie s'est développée, elle a augmenté son capital
samassa suhteessa kuin porvaristo kehittyi, he lisäsivät pääomaansa
et la bourgeoisie a relégué à l'arrière-plan toutes les classes héritées du Moyen Âge
ja porvaristo työnsi taka-alalle jokaisen keskiajalta periytyneen luokan
c'est pourquoi la bourgeoisie moderne est elle-même le produit d'un long développement
sen vuoksi nykyaikainen porvaristo on itse pitkän kehityskulun tuote
On voit qu'il s'agit d'une série de révolutions dans les modes de production et d'échange

Näemme, että se on sarja vallankumouksia tuotanto- ja vaihtotavoissa

Chaque étape du développement de la bourgeoisie s'accompagnait d'une avancée politique correspondante
Jokaista porvariston kehitysaskelta seurasi vastaava poliittinen edistysaskel

Une classe opprimée sous l'emprise de la noblesse féodale
Sorrettu luokka feodaalisen aateliston vallassa

Une association armée et autonome dans la commune médiévale
Aseellinen ja itsehallinnollinen yhdistys keskiaikaisessa kunnassa

ici, une république urbaine indépendante (comme en Italie et en Allemagne)
täällä itsenäinen kaupunkitasavalta (kuten Italiassa ja Saksassa)

là, un « tiers état » imposable de la monarchie (comme en France)
siellä verotettava monarkian "kolmas omaisuus" (kuten Ranskassa)

par la suite, dans la période de fabrication proprement dite
sen jälkeen varsinaisen valmistuksen aikana

la bourgeoisie servait soit la monarchie semi-féodale, soit la monarchie absolue
porvaristo palveli joko puolifeodaalista tai absoluuttista monarkiaa

ou bien la bourgeoisie faisait contrepoids à la noblesse
tai porvaristo toimi vastapainona aatelistoa vastaan

et, en fait, la bourgeoisie était une pierre angulaire des grandes monarchies en général
ja itse asiassa porvaristo oli suurten monarkioiden kulmakivi yleensä

mais l'industrie moderne et le marché mondial se sont établis depuis lors
mutta moderni teollisuus ja maailmanmarkkinat vakiinnuttivat asemansa siitä lähtien

et la bourgeoisie s'est emparée de l'emprise politique exclusive

ja porvaristo on voittanut itselleen yksinomaisen poliittisen vallan

elle a obtenu cette influence politique à travers l'État représentatif moderne

se saavutti tämän poliittisen vallan nykyaikaisen edustuksellisen valtion kautta

Les exécutifs de l'État moderne ne sont qu'un comité de gestion

Nykyaikaisen valtion toimeenpanevat elimet ovat vain hallintokomitea

et ils gèrent les affaires communes de toute la bourgeoisie

ja he hoitavat koko porvariston yhteisiä asioita

La bourgeoisie, historiquement, a joué un rôle des plus révolutionnaires

Porvaristolla on historiallisesti ollut mitä vallankumouksellisin osa

Partout où elle a pris le dessus, elle a mis fin à toutes les relations féodales, patriarcales et idylliques

Missä tahansa se sai yliotteen, se lopetti kaikki feodaaliset, patriarkaaliset ja idylliset suhteet

Elle a impitoyablement déchiré les liens féodaux hétéroclites qui liaient l'homme à ses « supérieurs naturels »

Se on säälimättömästi repinyt rikki kirjavat feodaaliset siteet, jotka sitoivat ihmisen "luonnollisiin esimiehiinsä"

et il n'y a plus de lien entre l'homme et l'homme, si ce n'est l'intérêt personnel

eikä se ole jättänyt jäljelle mitään muuta yhteyttä ihmisen ja ihmisen välille kuin paljaan oman edun tavoittelun

Les relations de l'homme entre eux ne sont plus qu'un « paiement en espèces » impitoyable

Ihmisten keskinäisistä suhteista on tullut vain tunteeton "käteismaksu"

Elle a noyé les extases les plus célestes de la ferveur religieuse

Se on hukuttanut uskonnollisen kiihkon taivaallisimmat
hurmiot
elle a noyé l'enthousiasme chevaleresque et le
sentimentalisme philistin
Se on hukuttanut ritarillisen innostuksen ja poroporvarillisen
sentimentalismin
Il a noyé ces choses dans l'eau glacée du calcul égoïste
Se on hukuttanut nämä asiat egoistisen laskelmoinnin jäiseen
veteen
Il a transformé la valeur personnelle en valeur échangeable
Se on ratkaissut henkilökohtaisen arvon vaihdettavaksi
arvoksi
elle a remplacé les innombrables et inaliénables libertés
garanties par la Charte
Se on korvannut lukemattomat ja luovuttamattomat
perusoikeuskirjan mukaiset vapaudet
et il a mis en place une liberté unique et inadmissible ;
Libre-échange
ja se on luonut yhden, kohtuuttoman vapauden; Vapaakauppa
En un mot, il l'a fait pour l'exploitation
Yhdellä sanalla sanoen, se on tehnyt tämän hyväksikäyttöä
varten
Une exploitation voilée par des illusions religieuses et
politiques
uskonnollisten ja poliittisten illuusioiden verhoama
hyväksikäyttö
l'exploitation voilée par une exploitation nue, éhontée,
directe, brutale
hyväksikäyttö peittyy alastomaan, häpeämättömään, suoraan
ja julmaan hyväksikäyttöön
la bourgeoisie a enlevé l'auréole de toutes les occupations
jusque-là honorées et vénérées
porvaristo on riisunut sädekehän jokaisesta aikaisemmin
kunnioitetusta ja kunnioitetusta miehityksestä
le médecin, l'avocat, le prêtre, le poète et l'homme de science
lääkäri, lakimies, pappi, runoilija ja tieteen mies

Il a converti ces travailleurs distingués en ses travailleurs salariés
Se on muuttanut nämä ansioituneet työläiset palkkatyöläisikseen
La bourgeoisie a déchiré le voile sentimental de la famille
Porvaristo on repinyt tunteellisen verhon pois perheestä
et elle a réduit la relation familiale à une simple relation d'argent
ja se on vähentänyt perhesuhteen pelkäksi rahasuhteeksi
la brutale démonstration de vigueur au Moyen Âge que les réactionnaires admirent tant
keskiajan julma voimannäyttö, jota taantumukselliset niin suuresti ihailevat
Même cela a trouvé son complément approprié dans l'indolence la plus paresseuse
Tämäkin löysi sopivan täydennyksensä laiskimmista laiskuudesta
La bourgeoisie a révélé comment tout cela s'est passé
Porvaristo on paljastanut, miten tämä kaikki tapahtui
La bourgeoisie a été la première à montrer ce que l'activité de l'homme peut produire
Porvaristo on ensimmäisenä osoittanut, mitä ihmisen toiminta voi saada aikaan
Il a accompli des merveilles surpassant de loin les pyramides égyptiennes, les aqueducs romains et les cathédrales gothiques
Se on saavuttanut ihmeitä, jotka ylittävät paljon Egyptin pyramidit, roomalaiset vesijohdot ja goottilaiset katedraalit
et il a mené des expéditions qui ont mis dans l'ombre tous les anciens Exodes des nations et les croisades
ja se on johtanut retkikuntia, jotka asettavat varjoon kaikki entiset kansojen exodukset ja ristiretket
La bourgeoisie ne peut exister sans révolutionner sans cesse les instruments de production
Porvaristo ei voi olla olemassa ilman, että se jatkuvasti mullistaa tuotantovälineitä

et par conséquent elle ne peut exister sans ses rapports à la production

ja siten se ei voi olla olemassa ilman suhteitaan tuotantoon

et donc elle ne peut exister sans ses relations avec la société

ja siksi se ei voi olla olemassa ilman suhteitaan yhteiskuntaan

Toutes les classes industrielles antérieures avaient une condition en commun

Kaikilla aikaisemmilla teollisuusluokilla oli yksi yhteinen ehto

Ils s'appuyaient sur la conservation des anciens modes de production

He luottivat vanhojen tuotantotapojen säilyttämiseen

mais la bourgeoisie a apporté avec elle une dynamique tout à fait nouvelle

mutta porvaristo toi mukanaan aivan uuden dynamiikan

Révolution constante de la production et perturbation ininterrompue de toutes les conditions sociales

Tuotannon jatkuva mullistaminen ja kaikkien yhteiskunnallisten olojen keskeytymätön häiriintyminen

cette incertitude et cette agitation perpétuelles distinguent l'époque bourgeoise de toutes les époques antérieures

tämä ikuinen epävarmuus ja levottomuus erottaa porvariston kaikista aikaisemmista

Les relations antérieures avec la production s'accompagnaient de préjugés et d'opinions anciens et vénérables

Aikaisempiin tuotantosuhteisiin liittyi ikivanhoja ja kunnioitettavia ennakkoluuloja ja mielipiteitä

Mais toutes ces relations figées et figées sont balayées d'un revers de main

Mutta kaikki nämä kiinteät, nopeasti jäätyneet suhteet pyyhkäistään pois

Toutes les relations nouvellement formées deviennent archaïques avant de pouvoir s'ossifier

Kaikki uudet suhteet vanhenevat ennen kuin ne ehtivät luutua

Tout ce qui est solide se fond dans l'air, et tout ce qui est saint est profané

Kaikki kiinteä sulaa ilmaan, ja kaikki, mikä on pyhää,
häpäistään
**L'homme est enfin forcé de faire face, avec des sens sobres, à
ses conditions réelles de vie**
Ihmisen on lopultakin pakko kohdata vakavat aistinsa,
todelliset elinehtonsa
et il est obligé de faire face à ses relations avec les siens
ja hänen on pakko kohdata suhteensa kaltaisiinsa
**La bourgeoisie a constamment besoin d'élargir ses marchés
pour ses produits**
Porvariston on jatkuvasti laajennettava tuotteidensa
markkinoita
**et, à cause de cela, la bourgeoisie est poursuivie sur toute la
surface du globe**
ja tämän vuoksi porvaristo ajetaan koko maapallon pinnan yli
**La bourgeoisie doit se nicher partout, s'installer partout,
établir des liens partout**
Porvariston täytyy pesiytyä kaikkialla, asettua kaikkialle,
luoda yhteyksiä kaikkialle
**La bourgeoisie doit créer des marchés dans tous les coins du
monde pour exploiter**
Porvariston on luotava markkinoita maailman joka kolkkaan
riistettäväksi
**La production et la consommation dans tous les pays ont
reçu un caractère cosmopolite**
Jokaisen maan tuotannolle ja kulutukselle on annettu
kosmopoliittinen luonne
**le chagrin des réactionnaires est palpable, mais il s'est
poursuivi malgré tout**
taantumuksellisten suru on käsin kosketeltavaa, mutta se on
jatkunut siitä huolimatta
**La bourgeoisie a tiré de dessous les pieds de l'industrie le
terrain national sur lequel elle se trouvait**
Porvaristo on vetänyt teollisuuden jalkojen alta kansallisen
maaperän, jolla se seisoi

Toutes les anciennes industries nationales ont été détruites, ou sont détruites chaque jour

Kaikki vanhat kansalliset teollisuudenalat on tuhottu tai tuhotaan päivittäin

Toutes les anciennes industries nationales sont délogées par de nouvelles industries

Uudet teollisuudenalat syrjäyttävät kaikki vanhat kansalliset teollisuudenalat

Leur introduction devient une question de vie ou de mort pour toutes les nations civilisées

Niiden käyttöönotosta tulee elämän ja kuoleman kysymys kaikille sivistyskansoille

Ils sont délogés par les industries qui ne travaillent plus la matière première indigène

Ne syrjäytetään teollisuudenaloilla, jotka eivät enää käytä kotimaisia raaka-aineita

Au lieu de cela, ces industries extraient des matières premières des zones les plus reculées

Sen sijaan nämä teollisuudenalat vetävät raaka-aineita syrjäisimmiltä alueilta

dont les produits sont consommés, non seulement chez nous, mais dans tous les coins du monde

teollisuudenalat, joiden tuotteita kulutetaan paitsi kotona myös joka puolella maailmaa

À la place des anciens besoins, satisfaits par les productions du pays, nous trouvons de nouveaux besoins

Vanhojen tarpeiden sijasta, jotka maan tuotannot tyydyttävät, löydämme uusia tarpeita

Ces nouveaux besoins exigent pour leur satisfaction les produits des pays et des climats lointains

Nämä uudet tarpeet vaativat tyydyttääkseen kaukaisten maiden ja ilmastojen tuotteita

À la place de l'ancien isolement et de l'autosuffisance locaux et nationaux, nous avons le commerce

Vanhan paikallisen ja kansallisen eristäytyneisyyden ja omavaraisuuden tilalle meillä on kauppaa

les échanges internationaux dans toutes les directions ;
l'interdépendance universelle des nations
kansainvälinen vaihto joka suuntaan; kansakuntien
yleismaailmallinen keskinäinen riippuvuus
Et de même que nous sommes dépendants des matériaux,
nous sommes dépendants de la production intellectuelle
Ja aivan kuten olemme riippuvaisia materiaaleista, olemme
riippuvaisia henkisestä tuotannosta
Les créations intellectuelles des nations individuelles
deviennent la propriété commune
Yksittäisten kansakuntien älyllisistä luomuksista tulee yhteistä
omaisuutta
L'unilatéralité nationale et l'étroitesse d'esprit deviennent
de plus en plus impossibles
Kansallinen yksipuolisuus ja ahdasmielisyys käyvät yhä
mahdottomammiksi
et des nombreuses littératures nationales et locales, surgit
une littérature mondiale
Ja lukuisista kansallisista ja paikallisista kirjallisuuksista
syntyy maailmankirjallisuus
par l'amélioration rapide de tous les instruments de
production
parantamalla nopeasti kaikkia tuotantovälineitä
par les moyens de communication immensément facilités
valtavasti helpotetulla viestintävälineellä
La bourgeoisie entraîne tout le monde (même les nations les
plus barbares) dans la civilisation
Porvaristo vetää kaikki (jopa kaikkein barbaarisimmat
kansakunnat) sivistykseen
Les prix bon marché de ses marchandises ; l'artillerie lourde
qui abat toutes les murailles chinoises
Sen hyödykkeiden halvat hinnat; raskas tykistö, joka lyö alas
kaikki kiinalaiset muurit
La haine obstinée des barbares contre les étrangers est forcée
de capituler

Barbaarien voimakas itsepäinen viha ulkomaalaisia kohtaan
on pakko antautua
**Elle oblige toutes les nations, sous peine d'extinction, à
adopter le mode de production bourgeois**
Se pakottaa kaikki kansakunnat sukupuuttoon kuolemisen
uhalla omaksumaan porvariston tuotantotavan
**elle les oblige à introduire ce qu'elle appelle la civilisation
en leur sein**
Se pakottaa heidät tuomaan keskuuteensa sen, mitä se kutsuu
sivilisaatioksi
**La bourgeoisie force les barbares à devenir eux-mêmes
bourgeois**
Porvaristo pakottaa barbaarit itse porvaristoksi
en un mot, la bourgeoisie crée un monde à son image
Sanalla sanoen, porvaristo luo maailman oman kuvansa
mukaan
**La bourgeoisie a soumis les campagnes à la domination des
villes**
Porvaristo on alistanut maaseudun kaupunkien hallintaan
**Il a créé d'énormes villes et considérablement augmenté la
population urbaine**
Se on luonut valtavia kaupunkeja ja lisännyt huomattavasti
kaupunkiväestöä
**Il a sauvé une partie considérable de la population de
l'idiotie de la vie rurale**
Se pelasti huomattavan osan väestöstä maaseudun elämän
idiotismista
mais elle a rendu les ruraux dépendants des villes
Mutta se on tehnyt maaseudun asukkaat riippuvaisiksi
kaupungeista
**et de même, elle a rendu les pays barbares dépendants des
pays civilisés**
Samoin se on tehnyt barbaarimaat riippuvaisiksi sivistyneistä
maista
**nations paysannes sur nations bourgeoises, l'Orient sur
Occident**

talonpoikien kansat porvariston kansakunnissa, itä lännessä
**La bourgeoisie se débarrasse de plus en plus de
l'éparpillement de la population**
Porvaristo hävittää yhä enemmän väestön hajanaista tilaa
**Il a une production agglomérée et a concentré la propriété
entre quelques mains**
Se on agglomeroitunut tuotanto ja keskittänyt omaisuuden
muutamiin käsiin
**La conséquence nécessaire de cela a été la centralisation
politique**
Tämän välttämätön seuraus oli poliittinen keskittäminen
**Il y avait eu des nations indépendantes et des provinces
vaguement reliées entre elles**
Siellä oli ollut itsenäisiä kansakuntia ja löyhästi toisiinsa
liittyviä maakuntia
**Ils avaient des intérêts, des lois, des gouvernements et des
systèmes d'imposition distincts**
Niillä oli erilliset intressit, lait, hallitukset ja
verotusjärjestelmät
**Mais ils ont été regroupés en une seule nation, avec un seul
gouvernement**
Mutta ne on niputettu yhteen yhdeksi kansakunnaksi, jolla on
yksi hallitus
**Ils ont maintenant un intérêt de classe national, une
frontière et un tarif douanier**
Niillä on nyt yksi kansallinen luokkaetu, yksi raja ja yksi
tullitariffi
**Et cet intérêt de classe national est unifié sous un seul code
de loi**
Ja tämä kansallinen luokkaetu on yhdistetty yhteen
lakikokoelmaan
**la bourgeoisie a accompli beaucoup de choses au cours de
son règne d'à peine cent ans**
porvaristo on saavuttanut paljon vajaan sadan vuoden
valtakautensa aikana

forces productives plus massives et plus colossales que toutes les générations précédentes réunies

massiivisemmat ja valtavammat tuotantovoimat kuin kaikki aiemmat sukupolvet yhteensä

Les forces de la nature sont soumises à la volonté de l'homme et de ses machines

Luonnonvoimat alistetaan ihmisen ja hänen koneistonsa tahdolle

La chimie s'applique à toutes les formes d'industrie et à tous les types d'agriculture

Kemiaa sovelletaan kaikkiin teollisuuden muotoihin ja maatalouden tyyppeihin

la navigation à vapeur, les chemins de fer, les télégraphes électriques et l'imprimerie

höyrymerenkulku, rautatiet, sähkölennätin ja kirjapaino

défrichement de continents entiers pour la culture, canalisation des rivières

kokonaisten mantereiden raivaaminen viljelyä varten, jokien kanavointi

Des populations entières ont été extirpées du sol et mises au travail

Kokonaisia kansoja on loihdittu maasta ja pantu töihin

Quel siècle précédent avait ne serait-ce qu'un pressentiment de ce qui pourrait être déchaîné ?

Millä aiemmalla vuosisadalla oli edes aavistustakaan siitä, mitä voitaisiin päästää valloilleen?

Qui aurait prédit que de telles forces productives sommeillaient dans le giron du travail social ?

Kuka ennusti, että tällaiset tuotantovoimat nukkuivat yhteiskunnallisen työn sylissä?

Nous voyons donc que les moyens de production et d'échange ont été générés dans la société féodale

Näemme siis, että tuotanto- ja vaihtovälineet luotiin feodaalisessa yhteiskunnassa

les moyens de production sur la base desquels la bourgeoisie s'est construite

tuotantovälineet, joiden perustalle porvaristo rakensi itsensä
À un certain stade du développement de ces moyens de production et d'échange
Näiden tuotanto- ja vaihtovälineiden tietyssä kehitysvaiheessa
les conditions dans lesquelles la société féodale produisait et échangeait
olosuhteet, joissa feodaalinen yhteiskunta tuotti ja vaihtoi
L'organisation féodale de l'agriculture et de l'industrie manufacturière
Maatalouden ja tehdasteollisuuden feodaalinen organisaatio
Les rapports féodaux de propriété n'étaient plus compatibles avec les conditions matérielles
Feodaaliset omistussuhteet eivät enää olleet yhteensopivia aineellisten ehtojen kanssa
Ils devaient être brisés, alors ils ont été brisés
Ne oli räjäytettävä, joten ne räjähtivät rikki
À leur place s'est ajoutée la libre concurrence des forces productives
Heidän tilalleen astui vapaa kilpailu tuotantovoimista
et ils étaient accompagnés d'une constitution sociale et politique adaptée à celle-ci
ja niihin liittyi siihen mukautettu sosiaalinen ja poliittinen perustuslaki
et elle s'accompagnait de l'emprise économique et politique de la classe bourgeoise
ja siihen liittyi porvariston luokan taloudellinen ja poliittinen vaikutusvalta
Un mouvement similaire est en train de se produire sous nos yeux
Samanlainen liike on käynnissä omien silmiemme edessä
La société bourgeoise moderne avec ses rapports de production, d'échange et de propriété
Nykyaikainen porvarisyhteiskunta tuotanto-, vaihto- ja omistussuhteineen
une société qui a inventé des moyens de production et d'échange aussi gigantesques

yhteiskunta, joka on loihtinut tällaisia jättiläismäisiä tuotanto-
ja vaihtovälineitä
**C'est comme le sorcier qui a invoqué les puissances de l'au-
delà**
Se on kuin velho, joka kutsui alamaailman voimat
**Mais il n'est plus capable de contrôler ce qu'il a mis au
monde**
Mutta hän ei enää pysty hallitsemaan sitä, mitä hän on tuonut
maailmaan
**Pendant de nombreuses décennies, l'histoire a été liée par
un fil conducteur**
Monta vuosikymmentä mennyttä historiaa sitoi yhteen
punainen lanka
**L'histoire de l'industrie et du commerce n'a été que l'histoire
des révoltes**
Teollisuuden ja kaupan historia on ollut vain kapinoiden
historiaa
**Les révoltes des forces productives modernes contre les
conditions modernes de production**
nykyaikaisten tuotantovoimien kapinat nykyaikaisia tuotanto-
olosuhteita vastaan
**Les révoltes des forces productives modernes contre les
rapports de propriété**
nykyaikaisten tuotantovoimien kapinat omistussuhteita
vastaan
**ces rapports de propriété sont les conditions de l'existence
de la bourgeoisie**
nämä omistussuhteet ovat porvariston olemassaolon
edellytyksiä
**et l'existence de la bourgeoisie détermine les règles des
rapports de propriété**
ja porvariston olemassaolo määrää omistussuhteiden säännöt
**Il suffit de mentionner le retour périodique des crises
commerciales**
Riittää, kun mainitaan kaupallisten kriisien säännöllinen
paluu

chaque crise commerciale est plus menaçante pour la société bourgeoise que la précédente
jokainen kaupallinen kriisi uhkaa porvariston yhteiskuntaa enemmän kuin edellinen
Dans ces crises, une grande partie des produits existants sont détruits
Näissä kriiseissä suuri osa olemassa olevista tuotteista tuhoutuu
Mais ces crises détruisent aussi les forces productives créées précédemment
Mutta nämä kriisit tuhoavat myös aiemmin luodut tuotantovoimat
Dans toutes les époques antérieures, ces épidémies auraient semblé une absurdité
Kaikkina varhaisempina aikakausina nämä epidemiat olisivat vaikuttaneet järjettömiltä
parce que ces épidémies sont les crises commerciales de la surproduction
Koska nämä epidemiat ovat ylituotannon kaupallisia kriisejä
La société se trouve soudain remise dans un état de barbarie momentanée
Yhteiskunta huomaa yhtäkkiä joutuneensa takaisin hetkellisen barbaarisuuden tilaan
comme si une guerre universelle de dévastation avait coupé tous les moyens de subsistance
ikään kuin maailmanlaajuinen hävityssota olisi katkaissut kaikki toimeentulomahdollisuudet
l'industrie et le commerce semblent avoir été détruits ; Et pourquoi ?
teollisuus ja kauppa näyttävät tuhoutuneen; Ja miksi?
Parce qu'il y a trop de civilisation et de moyens de subsistance
Koska sivistystä ja toimeentulokeinoja on liikaa
et parce qu'il y a trop d'industrie et trop de commerce
ja koska teollisuutta on liikaa ja kauppaa liikaa

Les forces productives à la disposition de la société ne développent plus la propriété bourgeoise

Yhteiskunnan käytössä olevat tuotantovoimat eivät enää kehitä porvariston omaisuutta

au contraire, ils sont devenus trop puissants pour ces conditions, par lesquelles ils sont enchaînés

Päinvastoin, niistä on tullut liian voimakkaita näihin olosuhteisiin, joilla ne ovat kahleissa

dès qu'ils surmontent ces entraves, ils mettent le désordre dans toute la société bourgeoise

heti kun he voittavat nämä kahleet, he tuovat epäjärjestystä koko porvariston yhteiskuntaan

et les forces productives mettent en danger l'existence de la propriété bourgeoise

ja tuotantovoimat vaarantavat porvariston omaisuuden olemassaolon

Les conditions de la société bourgeoise sont trop étroites pour englober les richesses qu'elles créent

Porvariston yhteiskunnan olosuhteet ovat liian ahtaat käsittääkseen niiden luoman vaurauden

Et comment la bourgeoisie surmonte-t-elle ces crises ?

Ja miten porvaristo selviää näistä kriiseistä?

D'une part, elle surmonte ces crises par la destruction forcée d'une masse de forces productives

Toisaalta se voittaa nämä kriisit tuhoamalla pakolla joukon tuotantovoimia

D'autre part, elle surmonte ces crises par la conquête de nouveaux marchés

Toisaalta se voittaa nämä kriisit valloittamalla uusia markkinoita

et elle surmonte ces crises par l'exploitation plus poussée des anciennes forces productives

Ja se voittaa nämä kriisit vanhojen tuotantovoimien perusteellisemmalla riistämisellä

C'est-à-dire en ouvrant la voie à des crises plus étendues et plus destructrices

Toisin sanoen tasoittamalla tietä laajemmille ja tuhoisammille kriiseille

elle surmonte la crise en diminuant les moyens de prévention des crises

Se voittaa kriisin vähentämällä keinoja, joilla kriisejä ehkäistään

Les armes avec lesquelles la bourgeoisie a abattu le féodalisme sont maintenant retournées contre elle-même

Aseet, joilla porvaristo kaatoi feodalismin maan tasalle, ovat nyt kääntyneet itseään vastaan

Mais non seulement la bourgeoisie a-t-elle forgé les armes qui lui apportent la mort

Mutta porvaristo ei ole ainoastaan takonut aseita, jotka tuovat kuoleman itselleen

Il a également appelé à l'existence les hommes qui doivent manier ces armes

Se on myös synnyttänyt miehet, joiden on määrä käyttää näitä aseita

Et ces hommes sont la classe ouvrière moderne ; Ce sont les prolétaires

ja nämä miehet ovat nykyaikainen työväenluokka; He ovat proletaareja;

À mesure que la bourgeoisie se développe, le prolétariat se développe dans la même proportion

Sitä mukaa kuin porvaristo kehittyy, samassa suhteessa kehittyy proletariaatti

La classe ouvrière moderne a développé une classe d'ouvriers

Nykyaikainen työväenluokka kehitti työläisten luokan

Cette classe d'ouvriers ne vit que tant qu'elle trouve du travail

Tämä työläisten luokka elää vain niin kauan kuin he löytävät työtä

et ils ne trouvent de travail qu'aussi longtemps que leur travail augmente le capital

ja he löytävät työtä vain niin kauan kuin heidän työnsä lisää
pääomaa
**Ces ouvriers, qui doivent se vendre à la pièce, sont une
marchandise**
Nämä työläiset, joiden on myytävä itsensä pala palalta, ovat
tavaraa
**Ces ouvriers sont comme tous les autres articles de
commerce**
Nämä työläiset ovat kuin kaikki muutkin kauppatavarat
**et, par conséquent, ils sont exposés à toutes les vicissitudes
de la concurrence**
ja näin ollen ne ovat alttiina kaikille kilpailun vaihteluille
Ils doivent faire face à toutes les fluctuations du marché
Heidän on kestettävä kaikki markkinoiden vaihtelut
**En raison de l'utilisation intensive des machines et de la
division du travail**
Koneiden runsaan käytön ja työnjaon vuoksi
Le travail des prolétaires a perdu tout caractère individuel
Proletaarien työ on menettänyt kaiken yksilöllisen luonteensa
**et, par conséquent, le travail des prolétaires a perdu tout
charme pour l'ouvrier**
Ja sen seurauksena proletaarien työ on menettänyt kaiken
viehätysvoimansa työläiselle
**Il devient un appendice de la machine, plutôt que l'homme
qu'il était autrefois**
Hänestä tulee koneen jatke eikä mies, joka hän kerran oli
**On n'exige de lui que l'habileté la plus simple, la plus
monotone et la plus facile à acquérir**
Häneltä vaaditaan vain yksinkertaisin, yksitoikkoisin ja
helpoimmin hankittava taito
Par conséquent, le coût de production d'un ouvrier est limité
Siksi työntekijän tuotantokustannukset ovat rajalliset
**elle se limite presque entièrement aux moyens de
subsistance dont il a besoin pour son entretien**
se rajoittuu lähes yksinomaan toimeentuloon, jota hän
tarvitsee elatukseensa

et elle est limitée aux moyens de subsistance dont il a besoin pour la propagation de sa race

ja se rajoittuu niihin elintarvikkeisiin, joita hän tarvitsee rotunsa levittämiseen

Mais le prix d'une marchandise, et par conséquent aussi du travail, est égal à son coût de production

Mutta tavaran ja siis myös työn hinta on yhtä suuri kuin sen tuotantokustannukset

C'est pourquoi, à mesure que le travail répugnant augmente, le salaire diminue

Samassa suhteessa, kun työn vastenmielisyys kasvaa, palkka laskee

Bien plus, le caractère répugnant de son travail augmente à un rythme encore plus grand

Ei, hänen työnsä vastenmielisyys lisääntyy vielä nopeammin

À mesure que l'utilisation des machines et la division du travail augmentent, le fardeau du labeur augmente également

Kun koneiden käyttö ja työnjako lisääntyvät, lisääntyy myös raadannan taakka

La charge de travail est augmentée par la prolongation du temps de travail

Työn taakkaa lisää työajan pidentyminen

On attend plus de l'ouvrier dans le même temps qu'auparavant

Työmieheltä odotetaan enemmän samassa ajassa kuin ennenkin

Et bien sûr, le poids du labeur est augmenté par la vitesse de la machine

ja tietysti työn taakkaa lisää koneen nopeus

L'industrie moderne a transformé le petit atelier du maître patriarcal en la grande usine du capitaliste industriel

Nykyaikainen teollisuus on muuttanut patriarkaalisen mestarin pienen työpajan teollisuuskapitalistin suureksi tehtaaksi

Des masses d'ouvriers, entassés dans l'usine, s'organisent comme des soldats

Tehtaaseen tungetut työläisten massat ovat järjestäytyneet kuin sotilaat

En tant que simples soldats de l'armée industrielle, ils sont placés sous le commandement d'une hiérarchie parfaite d'officiers et de sergents

Teollisuusarmeijan yksityishenkilöinä heidät asetetaan upseerien ja kersanttien täydellisen hierarkian alaisuuteen

ils ne sont pas seulement les esclaves de la classe bourgeoise et de l'État

he eivät ole vain porvariston luokan ja valtion orjia

Mais ils sont aussi asservis quotidiennement et d'heure en heure par la machine

Mutta kone orjuuttaa heidät myös päivittäin ja tunneittain

ils sont asservis par le surveillant, et surtout par le fabricant bourgeois lui-même

ne ovat sivustakatsojien orjuuttamia ja ennen kaikkea yksittäisen porvariston tehtailijan itsensä orjuuttamia

Plus ce despotisme proclame ouvertement que le gain est sa fin et son but, plus il est mesquin, plus haïssable et plus aigri

Mitä avoimemmin tämä despotismi julistaa päämääräkseen ja päämääräkseen voittoa, sitä pikkumaisempaa, vihamielisempää ja katkerampaa se on

Plus l'industrie moderne se développe, moins les différences entre les sexes sont grandes

Mitä nykyaikaisemmaksi teollisuus kehittyy, sitä pienemmät ovat sukupuolten väliset erot

Moins le travail manuel exige d'habileté et d'effort de force, plus le travail des hommes est supplanté par celui des femmes

Kuta vähemmän ruumiillisen työn edellyttämää taitoa ja voimankäyttöä on, sitä enemmän miesten työ syrjäyttää naisten työn

Les différences d'âge et de sexe n'ont plus de validité sociale distincte pour la classe ouvrière

Ikä- ja sukupuolieroilla ei ole enää mitään erityistä yhteiskunnallista merkitystä työväenluokalle

Tous sont des instruments de travail, plus ou moins coûteux à utiliser, selon leur âge et leur sexe

Kaikki ovat työvälineitä, jotka ovat enemmän tai vähemmän kalliita käyttää iän ja sukupuolen mukaan

dès que l'ouvrier reçoit son salaire en espèces, il est attaqué par les autres parties de la bourgeoisie

heti kun työläinen saa palkkansa käteisenä, porvariston muut osat hyökkäävät hänen kimppuunsa

le propriétaire, le commerçant, le prêteur sur gages, etc

vuokranantaja, kauppias, panttilainaamo jne

Les couches inférieures de la classe moyenne ; les petits commerçants et les commerçants

Keskiluokan alemmat kerrokset; Pienkauppiaat ja kauppiaat

les commerçants retraités en général, et les artisans et les paysans

eläkkeellä olevat kauppiaat yleensä ja käsityöläiset ja talonpojat

tout cela s'enfonce peu à peu dans le prolétariat

kaikki nämä vajoavat vähitellen proletariaattiin

en partie parce que leur petit capital ne suffit pas à l'échelle sur laquelle l'industrie moderne est exercée

osittain siksi, että niiden pieni pääoma ei riitä siihen mittakaavaan, jolla nykyaikaista teollisuutta harjoitetaan

et parce qu'elle est submergée par la concurrence avec les grands capitalistes

ja koska se on hukkunut kilpailuun suurkapitalistien kanssa

en partie parce que leur savoir-faire spécialisé est rendu sans valeur par les nouvelles méthodes de production

osittain siksi, että uudet tuotantomenetelmät tekevät heidän erikoistaitonsa arvottomiksi

Ainsi le prolétariat se recrute dans toutes les classes de la population

Näin proletariaatti värvätään kaikista väestöluokista

Le prolétariat passe par différents stades de développement

Proletariaatti käy läpi eri kehitysvaiheita

Avec sa naissance commence sa lutte contre la bourgeoisie

Sen syntymän myötä alkaa taistelu porvariston kanssa

Dans un premier temps, la lutte est menée par des ouvriers individuels

Aluksi kilpailua jatkavat yksittäiset työläiset

Ensuite, le concours est mené par les ouvriers d'une usine

Sitten kilpailua jatkavat tehtaan työläiset

Ensuite, la lutte est menée par les agents d'un métier, dans une localité

Sitten kilpailua jatkavat yhden ammatin toimijat yhdellä paikkakunnalla

et la lutte est alors contre la bourgeoisie individuelle qui les exploite directement

ja silloin kilpailu käydään yksittäistä porvaristoa vastaan, joka suoraan riistää heitä

Ils ne dirigent pas leurs attaques contre les conditions de production de la bourgeoisie

He eivät suuntaa hyökkäyksiään porvariston tuotantoehtoja vastaan

mais ils dirigent leur attaque contre les instruments de production eux-mêmes

Mutta he suuntaavat hyökkäyksensä itse tuotantovälineitä vastaan

Ils détruisent les marchandises importées qui font concurrence à leur main-d'œuvre

He tuhoavat tuontitavaroita, jotka kilpailevat heidän työvoimansa kanssa

Ils brisent les machines et mettent le feu aux usines

He murskaavat koneita ja sytyttävät tehtaita tuleen

ils cherchent à restaurer par la force le statut disparu de l'ouvrier du Moyen Âge

he pyrkivät väkivalloin palauttamaan keskiajan työläisen kadonneen aseman

À ce stade, les ouvriers forment encore une masse
incohérente dispersée dans tout le pays
Tässä vaiheessa työläiset muodostavat vielä epäyhtenäisen
joukon, joka on hajallaan koko maassa
et ils sont brisés par leur concurrence mutuelle
ja heidän keskinäinen kilpailunsa hajottaa heidät
S'ils s'unissent quelque part pour former des corps plus
compacts, ce n'est pas encore la conséquence de leur propre
union active
Jos missä tahansa he yhdistyvät muodostamaan pienempiä
elimiä, tämä ei ole vielä seurausta heidän omasta aktiivisesta
liitostaan
mais c'est une conséquence de l'union de la bourgeoisie,
d'atteindre ses propres fins politiques
mutta se on seurausta porvariston liitosta omien poliittisten
päämääriensä saavuttamiseksi
la bourgeoisie est obligée de mettre en mouvement tout le
prolétariat
porvariston on pakko panna liikkeelle koko proletariaatti
et d'ailleurs, pour un temps, la bourgeoisie est capable de le
faire
ja lisäksi porvaristo voi toistaiseksi tehdä niin
À ce stade, les prolétaires ne combattent donc pas leurs
ennemis
Tässä vaiheessa proletaarit eivät siis taistele vihollisiaan
vastaan
mais au lieu de cela, ils combattent les ennemis de leurs
ennemis
Mutta sen sijaan he taistelevat vihollistensa vihollisia vastaan
La lutte contre les vestiges de la monarchie absolue et les
propriétaires terriens
Taistele absoluuttisen monarkian jäänteitä ja maanomistajia
vastaan
ils combattent la bourgeoisie non industrielle ; la petite
bourgeoisie
he taistelevat ei-teollista porvaristoa vastaan; pikkuporvaristo

Ainsi tout le mouvement historique est concentré entre les mains de la bourgeoisie
Näin koko historiallinen liike on keskittynyt porvariston käsiin

chaque victoire ainsi obtenue est une victoire pour la bourgeoisie
jokainen näin saavutettu voitto on porvariston voitto

Mais avec le développement de l'industrie, le prolétariat ne se contente pas d'augmenter en nombre
Mutta teollisuuden kehittyessä proletariaatti ei ainoastaan lisäänny

le prolétariat se concentre en masses plus grandes et sa force s'accroît
Proletariaatti keskittyy suurempiin joukkoihin ja sen voima kasvaa

et le prolétariat ressent de plus en plus cette force
ja proletariaatti tuntee tuon voiman yhä enemmän

Les divers intérêts et conditions de vie dans les rangs du prolétariat sont de plus en plus égalisés
Erilaiset edut ja elinehdot proletariaatin riveissä ovat yhä enemmän tasaantuneet

elles deviennent plus proportionnelles à mesure que les machines effacent toutes les distinctions de travail
Ne tulevat suhteellisemmiksi, kun koneet hävittävät kaikki työn erot

et les machines réduisent presque partout les salaires au même bas niveau
ja koneet lähes kaikkialla laskevat palkat samalle alhaiselle tasolle

La concurrence croissante entre la bourgeoisie et les crises commerciales qui en résultent rendent les salaires des ouvriers de plus en plus fluctuants
Porvariston kasvava kilpailu ja siitä johtuvat kaupalliset kriisit tekevät työläisten palkat yhä vaihtelevammiksi

L'amélioration incessante des machines, qui se développe de plus en plus rapidement, rend leurs moyens d'existence de plus en plus précaires
Koneiden lakkaamaton parantaminen, joka kehittyy yhä nopeammin, tekee heidän toimeentulostaan yhä epävarmempaa
les collisions entre les ouvriers individuels et la bourgeoisie individuelle prennent de plus en plus le caractère de collisions entre deux classes
yksittäisten työläisten ja yksittäisen porvariston väliset yhteentörmäykset saavat yhä enemmän kahden luokan välisten yhteentörmäysten luonteen
Là-dessus, les ouvriers commencent à former des associations (syndicats) contre la bourgeoisie
Sen jälkeen työläiset alkavat muodostaa liittoja (ammattiliittoja) porvaristoa vastaan
Ils s'associent pour maintenir le taux des salaires
He lyöttäytyvät yhteen pitääkseen palkkatason yllä
Ils fondèrent des associations permanentes afin de pourvoir à l'avance à ces révoltes occasionnelles
He perustivat pysyviä yhdistyksiä varautuakseen etukäteen näihin satunnaisiin kapinoihin;
Ici et là, la lutte éclate en émeutes
Siellä täällä kilpailu puhkeaa mellakoihin
De temps en temps, les ouvriers sont victorieux, mais seulement pour un temps
Silloin tällöin työläiset voittavat, mutta vain joksikin aikaa
Le vrai fruit de leurs luttes n'est pas dans le résultat immédiat, mais dans l'union toujours plus grande des travailleurs
Heidän taistelujensa todellinen hedelmä ei ole välittömässä tuloksessa, vaan alati laajenevassa työläisten liitossa
Cette union est favorisée par les moyens de communication améliorés créés par l'industrie moderne
Tätä liittoa auttavat nykyaikaisen teollisuuden luomat parannetut viestintävälineet

La communication moderne met en contact les travailleurs de différentes localités les uns avec les autres

Nykyaikainen viestintä asettaa eri paikkakuntien työntekijät kosketuksiin toistensa kanssa

C'était précisément ce contact qui était nécessaire pour centraliser les nombreuses luttes locales en une lutte nationale entre les classes

Juuri tätä yhteyttä tarvittiin keskittämään lukuisat paikalliset taistelut yhdeksi kansalliseksi luokkien väliseksi taisteluksi

Toutes ces luttes sont du même caractère, et toute lutte de classe est une lutte politique

Kaikki nämä taistelut ovat luonteeltaan samanlaisia, ja jokainen luokkataistelu on poliittista taistelua

les bourgeois du moyen âge, avec leurs misérables routes, mettaient des siècles à former leurs syndicats

keskiajan porvarit kurjine valtateineen tarvitsivat vuosisatoja liittojensa muodostamiseen

Les prolétaires modernes, grâce aux chemins de fer, réalisent leurs syndicats en quelques années

Nykyiset proletaarit, kiitos rautateiden, saavuttavat liittonsa muutamassa vuodessa

Cette organisation des prolétaires en classe les a donc formés en parti politique

Tämä proletaarien järjestäytyminen luokaksi muovasi heistä poliittisen puolueen

La classe politique est continuellement bouleversée par la concurrence entre les travailleurs eux-mêmes

Poliittinen luokka järkyttyy jatkuvasti työläisten keskinäisestä kilpailusta

Mais la classe politique continue de se soulever, plus forte, plus ferme, plus puissante

Mutta poliittinen luokka jatkaa nousuaan uudelleen, vahvempana, lujempana, mahtavampana

Elle oblige la législation à reconnaître les intérêts particuliers des travailleurs

Se pakottaa tunnustamaan lainsäädännössä työntekijöiden erityiset edut

il le fait en profitant des divisions au sein de la bourgeoisie elle-même

se tekee sen käyttämällä hyväkseen porvariston välisiä erimielisyyksiä

C'est ainsi qu'en Angleterre fut promulguée la loi sur les dix heures

Näin Englannissa kymmenen tunnin lakiesitys pantiin lakiin

à bien des égards, les collisions entre les classes de l'ancienne société sont en outre le cours du développement du prolétariat

Vanhan yhteiskunnan luokkien väliset yhteentörmäykset ovat monin tavoin proletariaatin kehityksen kulku

La bourgeoisie se trouve engagée dans une bataille de tous les instants

Porvaristo huomaa olevansa jatkuvassa taistelussa

Dans un premier temps, il se trouvera impliqué dans une bataille constante avec l'aristocratie

Aluksi se joutuu jatkuvaan taisteluun aristokratian kanssa

plus tard, elle se trouvera engagée dans une lutte constante avec ces parties de la bourgeoisie elle-même

myöhemmin se huomaa joutuneensa alituiseen taisteluun itse porvariston noita osia vastaan

et leurs intérêts seront devenus antagonistes au progrès de l'industrie

ja heidän etunsa ovat muuttuneet teollisuuden kehityksen vastaisiksi

à tout moment, leurs intérêts seront devenus antagonistes avec la bourgeoisie des pays étrangers

heidän etunsa ovat kaikkina aikoina tulleet vihamielisiksi vieraiden maiden porvariston kanssa

Dans toutes ces batailles, elle se voit obligée de faire appel au prolétariat et lui demande son aide

Kaikissa näissä taisteluissa se katsoo olevansa pakotettu vetoamaan proletariaattiin ja pyytää sen apua

Et ainsi, il se sentira obligé de l'entraîner dans l'arène politique

Ja siten se tuntee olevansa pakotettu vetämään sen poliittiselle areenalle

C'est pourquoi la bourgeoisie elle-même fournit au prolétariat ses propres instruments d'éducation politique et générale

Porvaristo itse siis hankkii proletariaatille omat poliittisen ja yleissivistyksen välineensä

c'est-à-dire qu'il fournit au prolétariat des armes pour combattre la bourgeoisie

toisin sanoen se varustaa proletariaatin aseilla taisteluun porvaristoa vastaan

De plus, comme nous l'avons déjà vu, des sections entières des classes dominantes sont précipitées dans le prolétariat

Edelleen, kuten olemme jo nähneet, kokonaisia hallitsevien luokkien osia syöksytään proletariaattiin

le progrès de l'industrie les aspire dans le prolétariat

teollisuuden edistyminen imee heidät proletariaattiin

ou, du moins, ils sont menacés dans leurs conditions d'existence

tai ainakin he ovat uhattuina olemassaolonsa olosuhteissa

Ceux-ci fournissent également au prolétariat de nouveaux éléments d'illumination et de progrès

Nämä tarjoavat proletariaatille myös uusia valistuksen ja edistyksen elementtejä

Enfin, à l'approche de l'heure décisive de la lutte des classes

Lopuksi aikoina, jolloin luokkataistelu lähestyy ratkaisevaa hetkeä

le processus de dissolution en cours au sein de la classe dirigeante

hallitsevan luokan sisällä käynnissä oleva hajoamisprosessi

En fait, la dissolution en cours au sein de la classe dirigeante se fera sentir dans toute la société

Itse asiassa hallitsevan luokan sisällä tapahtuva hajoaminen tuntuu koko yhteiskunnan alueella

Il prendra un caractère si violent et si flagrant qu'une petite partie de la classe dirigeante se laissera aller à la dérive
Se saa niin väkivaltaisen, räikeän luonteen, että pieni osa hallitsevasta luokasta ajaa itsensä tuuliajolle
et que la classe dirigeante rejoindra la classe révolutionnaire
ja tämä hallitseva luokka liittyy vallankumoukselliseen luokkaan
La classe révolutionnaire étant la classe qui tient l'avenir entre ses mains
vallankumouksellinen luokka on luokka, joka pitää tulevaisuutta käsissään
Comme à une époque antérieure, une partie de la noblesse passa dans la bourgeoisie
Aivan kuten aikaisemminkin, osa aatelistosta siirtyi porvaristolle
de la même manière qu'une partie de la bourgeoisie passera au prolétariat
samalla tavalla osa porvaristosta siirtyy proletariaatille
en particulier, une partie de la bourgeoisie passera à une partie des idéologues de la bourgeoisie
eritoten osa porvaristosta siirtyy osalle porvariston ideologeja
Des idéologues bourgeois qui se sont élevés au niveau de la compréhension théorique du mouvement historique dans son ensemble
Porvariston ideologit, jotka ovat nostaneet itsensä teoreettisesti ymmärtämään koko historiallista liikettä
De toutes les classes qui se trouvent aujourd'hui en face de la bourgeoisie, seule le prolétariat est une classe vraiment révolutionnaire
Kaikista luokista, jotka nykyään ovat kasvokkain porvariston kanssa, proletariaatti yksin on todella vallankumouksellinen luokka
Les autres classes se dégradent et finissent par disparaître devant l'industrie moderne
Muut luokat rappeutuvat ja lopulta katoavat modernin teollisuuden edessä

le prolétariat est son produit spécial et essentiel
Proletariaatti on sen erityinen ja välttämätön tuote
La petite bourgeoisie, le petit industriel, le commerçant,
l'artisan, le paysan
Alempi keskiluokka, pientehtailija, kauppias, käsityöläinen,
talonpoika
toutes ces luttes contre la bourgeoisie
kaikki nämä taistelevat porvaristoa vastaan
Ils se battent en tant que fractions de la classe moyenne pour
se sauver de l'extinction
He taistelevat keskiluokan murto-osina pelastaakseen itsensä
sukupuutolta
Ils ne sont donc pas révolutionnaires, mais conservateurs
Siksi he eivät ole vallankumouksellisia, vaan konservatiivisia
Bien plus, ils sont réactionnaires, car ils essaient de faire
reculer la roue de l'histoire
Lisäksi he ovat taantumuksellisia, sillä he yrittävät kääntää
historian pyörää taaksepäin
Si par hasard ils sont révolutionnaires, ils ne le sont qu'en
vue de leur transfert imminent dans le prolétariat
Jos he sattumalta ovat vallankumouksellisia, niin he ovat sitä
vain lähestyvän proletariaattiin siirtymisensä vuoksi
Ils défendent ainsi non pas leurs intérêts présents, mais
leurs intérêts futurs
He eivät siis puolusta nykyisyyttään, vaan tulevia etujaan
ils désertent leur propre point de vue pour se placer à celui
du prolétariat
he hylkäävät oman näkökantansa asettuakseen proletariaatin
kannalle
La « classe dangereuse », la racaille sociale, cette masse en
décomposition passive rejetée par les couches les plus
basses de la vieille société
"Vaarallinen luokka", yhteiskunnallinen saasta, tuo
passiivisesti mätänevä massa, jonka vanhan yhteiskunnan
alimmat kerrokset heittävät pois

Ils peuvent, ici et là, être entraînés dans le mouvement par une révolution prolétarienne

Proletaarinen vallankumous voi siellä täällä pyyhkäistä heidät mukaan liikkeeseen

Ses conditions de vie, cependant, le préparent beaucoup plus au rôle d'instrument soudoyé de l'intrigue réactionnaire

Sen elinehdot valmistavat sitä kuitenkin paljon enemmän taantumuksellisen juonittelun lahjottuun työkaluun

Dans les conditions du prolétariat, ceux de l'ancienne société dans son ensemble sont déjà virtuellement submergés

Proletariaatin oloissa vanhan yhteiskunnan olosuhteet ovat jo käytännöllisesti katsoen hukkua

Le prolétaire est sans propriété

Proletaari on vailla omaisuutta

ses rapports avec sa femme et ses enfants n'ont plus rien de commun avec les relations familiales de la bourgeoisie

hänen suhteellaan vaimoonsa ja lapsiinsa ei ole enää mitään yhteistä porvariston perhesuhteiden kanssa

le travail industriel moderne, la sujétion moderne au capital, la même en Angleterre qu'en France, en Amérique comme en Allemagne

nykyaikainen teollinen työ, nykyaikainen alistuminen pääomalle, sama Englannissa kuin Ranskassa, Amerikassa kuin Saksassa

Sa condition dans la société l'a dépouillé de toute trace de caractère national

Hänen asemansa yhteiskunnassa on riisunut häneltä kaikki kansallisen luonteen rippeet

La loi, la morale, la religion, sont pour lui autant de préjugés bourgeois

Laki, moraali, uskonto ovat hänelle niin monia porvariston ennakkoluuloja

et derrière ces préjugés se cachent en embuscade autant d'intérêts bourgeois

ja näiden ennakkoluulojen takana väijyy väijytyksessä yhtä
monta porvariston intressiä

**Toutes les classes précédentes, qui ont pris le dessus, ont
cherché à fortifier leur statut déjà acquis**

Kaikki edelliset luokat, jotka saivat ylemmän käden, pyrkivät
vahvistamaan jo hankittua asemaansa

**Ils l'ont fait en soumettant la société dans son ensemble à
leurs conditions d'appropriation**

He tekivät tämän alistamalla koko yhteiskunnan omimisen
ehdoilleen

**Les prolétaires ne peuvent pas devenir maîtres des forces
productives de la société**

Proletaareista ei voi tulla yhteiskunnan tuotantovoimien
herroja

**elle ne peut le faire qu'en abolissant son propre mode
d'appropriation antérieur**

Se voi tehdä tämän vain lakkauttamalla oman aiemman
haltuunottotapansa

**et par là même elle abolit tout autre mode d'appropriation
antérieur**

ja siten se poistaa myös kaikki muut aikaisemmat
haltuunottotavat

Ils n'ont rien à eux pour s'assurer et se fortifier

Heillä ei ole mitään omaa turvattavana ja linnoittavana

**Leur mission est de détruire toutes les sûretés antérieures et
les assurances de biens individuels**

Heidän tehtävänään on tuhota kaikki aikaisemmat
yksityisomaisuuden vakuudet ja vakuutukset

**Tous les mouvements historiques antérieurs étaient des
mouvements de minorités**

Kaikki aiemmat historialliset liikkeet olivat vähemmistöjen
liikkeitä

**ou bien il s'agissait de mouvements dans l'intérêt des
minorités**

tai ne olivat vähemmistöjen etuja ajavia liikkeitä

Le mouvement prolétarien est le mouvement conscient et indépendant de l'immense majorité
Proletaarinen liike on valtavan enemmistön itsetietoinen, itsenäinen liike
Et c'est un mouvement dans l'intérêt de l'immense majorité
Ja se on liike valtavan enemmistön etujen mukaisesti
Le prolétariat, couche la plus basse de notre société actuelle
Proletariaatti, nykyisen yhteiskuntamme alin kerros
elle ne peut ni s'agiter ni s'élever sans que toutes les couches supérieures de la société officielle ne soient soulevées en l'air
Se ei voi nousta tai kohota ilman, että virallisen yhteiskunnan kaikki ylemmät kerrokset nousevat ilmaan
Loin d'être dans le fond, mais dans la forme, la lutte du prolétariat contre la bourgeoisie est d'abord une lutte nationale
Proletariaatin taistelu porvaristoa vastaan on aluksi kansallista taistelua, vaikkakaan ei sisällöltään, mutta kuitenkin muodoltaan
Le prolétariat de chaque pays doit, bien entendu, régler d'abord ses affaires avec sa propre bourgeoisie
Jokaisen maan proletariaatin on tietenkin ensin selvitettävä asiat oman porvaristonsa kanssa
En décrivant les phases les plus générales du développement du prolétariat, nous avons retracé la guerre civile plus ou moins voilée
Kuvatessamme proletariaatin kehityksen yleisimpiä vaiheita jäljitimme enemmän tai vähemmän verhotun sisällissodan
Ce civil fait rage au sein de la société existante
Tämä siviili raivoaa nykyisessä yhteiskunnassa
Elle fera rage jusqu'au point où cette guerre éclatera en révolution ouverte
Se raivoaa siihen pisteeseen asti, että sota puhkeaa avoimeksi vallankumoukseksi
et alors le renversement violent de la bourgeoisie jette les bases de l'emprise du prolétariat

ja sitten porvariston väkivaltainen kukistaminen luo perustan
proletariaatin vallalle

**Jusqu'à présent, toute forme de société a été fondée, comme
nous l'avons déjà vu, sur l'antagonisme des classes
oppressives et opprimées**

Tähän asti kaikki yhteiskuntamuodot ovat perustuneet, kuten
olemme jo nähneet, sortavien ja sorrettujen luokkien
vastakkainasetteluun

**Mais pour opprimer une classe, il faut lui assurer certaines
conditions**

Mutta luokan sortamiseksi sille on taattava tietyt ehdot

**La classe doit être maintenue dans des conditions dans
lesquelles elle peut, au moins, continuer son existence
servile**

Luokka on pidettävä olosuhteissa, joissa se voi ainakin jatkaa
orjallista olemassaoloaan

**Le serf, à l'époque du servage, s'élevait lui-même au rang
d'adhérent à la commune**

Maaorja, orjuuden aikana, nosti itsensä kunnan jäseneksi

**de même que la petite bourgeoisie, sous le joug de
l'absolutisme féodal, a réussi à se développer en bourgeoisie**

aivan kuten pikkuporvaristo feodaalisen absolutismin ikeen
alla onnistui kehittymään porvaristoksi

**L'ouvrier moderne, au contraire, au lieu de s'élever avec les
progrès de l'industrie, s'enfonce de plus en plus
profondément**

Päinvastoin, sen sijaan että moderni työläinen nousisi
teollisuuden kehityksen mukana, vajoaa yhä syvemmälle

**il s'enfonce au-dessous des conditions d'existence de sa
propre classe**

Hän vajoaa oman luokkansa olemassaolon ehtojen alapuolelle

**Il devient pauvre, et le paupérisme se développe plus
rapidement que la population et la richesse**

Hänestä tulee köyhä, ja köyhyys kehittyy nopeammin kuin
väestö ja vauraus

Et c'est là qu'il devient évident que la bourgeoisie n'est plus apte à être la classe dominante dans la société
Ja tässä käy ilmeiseksi, että porvaristo ei enää sovellu yhteiskunnan hallitsevaksi luokaksi
et elle n'est pas digne d'imposer ses conditions d'existence à la société comme une loi prépondérante
ja on sopimatonta asettaa olemassaolonsa ehtoja yhteiskunnalle pakottavana lakina
Il est inapte à gouverner parce qu'il est incompétent pour assurer une existence à son esclave dans son esclavage
Se on sopimaton hallitsemaan, koska se on kyvytön takaamaan orjalleen olemassaolon orjuudessaan
parce qu'il ne peut s'empêcher de le laisser sombrer dans un tel état, qu'il doit le nourrir, au lieu d'être nourri par lui
koska se ei voi olla antamatta hänen vajota sellaiseen tilaan, että sen on ruokittava hänet sen sijaan, että hän ruokkisi häntä
La société ne peut plus vivre sous cette bourgeoisie
Yhteiskunta ei voi enää elää tämän porvariston alaisuudessa
En d'autres termes, son existence n'est plus compatible avec la société
Toisin sanoen sen olemassaolo ei ole enää yhteensopiva yhteiskunnan kanssa
La condition essentielle de l'existence et de l'influence de la classe bourgeoise est la formation et l'accroissement du capital
Porvarisluokan olemassaolon ja vallan välttämätön edellytys on pääoman muodostuminen ja lisääminen
La condition du capital, c'est le salariat-travail
Pääoman ehtona on palkkatyö
Le travail salarié repose exclusivement sur la concurrence entre les travailleurs
Palkkatyö perustuu yksinomaan työläisten väliseen kilpailuun
Le progrès de l'industrie, dont le promoteur involontaire est la bourgeoisie, remplace l'isolement des ouvriers
Teollisuuden edistyminen, jonka vastentahtoinen edistäjä on porvaristo, korvaa työläisten eristyneisyyden

en raison de la concurrence, en raison de leur combinaison révolutionnaire, en raison de l'association
johtuen kilpailusta, niiden vallankumouksellisesta yhdistelmästä, yhdistymisestä johtuen
Le développement de l'industrie moderne lui coupe sous les pieds les fondements mêmes sur lesquels la bourgeoisie produit et s'approprie les produits
Nykyaikaisen teollisuuden kehitys leikkaa jalkojensa alta juuri sen perustan, jolle porvaristo tuottaa ja anastaa tuotteita
Ce que la bourgeoisie produit avant tout, ce sont ses propres fossoyeurs
Porvaristo tuottaa ennen kaikkea omia haudankaivajiaan
La chute de la bourgeoisie et la victoire du prolétariat sont également inévitables
Porvariston kukistuminen ja proletariaatin voitto ovat yhtä väistämättömiä

Prolétaires et communistes
Proletaarit ja kommunistit

Quel est le rapport des communistes vis-à-vis de l'ensemble des prolétaires ?
Missä suhteessa kommunistit ovat proletaareihin kokonaisuudessaan?
Les communistes ne forment pas un parti séparé opposé aux autres partis de la classe ouvrière
Kommunistit eivät muodosta erillistä puoluetta, joka vastaisi muita työväenluokan puolueita
Ils n'ont pas d'intérêts séparés de ceux du prolétariat dans son ensemble
Heillä ei ole mitään etuja, jotka olisivat erillisiä ja erillään koko proletariaatin intresseistä
Ils n'établissent pas de principes sectaires qui leur soient propres pour façonner et modeler le mouvement prolétarien
He eivät aseta mitään omia lahkolaisia periaatteita, joiden avulla he voisivat muokata ja muokata proletaarista liikettä
Les communistes ne se distinguent des autres partis ouvriers que par deux choses
Kommunistit eroavat muista työväenluokan puolueista vain kahdella asialla
Premièrement, ils signalent et mettent en avant les intérêts communs de l'ensemble du prolétariat, indépendamment de toute nationalité
Ensinnäkin he korostavat ja tuovat etualalle koko proletariaatin yhteiset edut kansallisuudesta riippumatta
C'est ce qu'ils font dans les luttes nationales des prolétaires des différents pays
Tämän he tekevät eri maiden proletaarien kansallisissa taisteluissa
Deuxièmement, ils représentent toujours et partout les intérêts du mouvement dans son ensemble
Toiseksi he edustavat aina ja kaikkialla koko liikkeen etuja

c'est ce qu'ils font dans les différents stades de
développement par lesquels doit passer la lutte de la classe
ouvrière contre la bourgeoisie
tämän he tekevät eri kehitysvaiheissa, jotka työväenluokan
taistelun porvaristoa vastaan on käytävä läpi
Les communistes sont donc, d'une part, pratiquement, la
section la plus avancée et la plus résolue des partis ouvriers
de tous les pays
Kommunistit ovat siis käytännöllisesti katsoen kaikkien
maiden työväenpuolueiden edistynein ja päättäväisin osa
Ils sont cette section de la classe ouvrière qui pousse en
avant toutes les autres
He ovat se työväenluokan osa, joka puskee kaikkia muita
eteenpäin
Théoriquement, ils ont aussi l'avantage de bien comprendre
la ligne de marche
Teoreettisesti heillä on myös se etu, että he ymmärtävät
selvästi marssilinjan
C'est ce qu'ils comprennent mieux par rapport à la grande
masse du prolétariat
Tämän he ymmärtävät paremmin verrattuna proletariaatin
suuriin joukkoihin
Ils comprennent les conditions et les résultats généraux
ultimes du mouvement prolétarien
He ymmärtävät proletaarisen liikkeen ehdot ja lopulliset
yleiset tulokset
Le but immédiat du Parti communiste est le même que celui
de tous les autres partis prolétariens
Kommunistisen puolueen välitön päämäärä on sama kuin
kaikkien muidenkin proletaaristen puolueiden
Leur but est la formation du prolétariat en classe
Heidän päämääränään on proletariaatin muodostaminen
luokaksi
ils visent à renverser la suprématie de la bourgeoisie
he pyrkivät kukistamaan porvariston ylivallan
la conquête du pouvoir politique par le prolétariat

pyrkimys proletariaatin poliittisen vallan valloittamiseen
Les conclusions théoriques des communistes ne sont
nullement basées sur des idées ou des principes de
réformateurs
Kommunistien teoreettiset johtopäätökset eivät millään tavoin
perustu uudistajien ajatuksiin tai periaatteisiin
ce ne sont pas des prétendus réformateurs universels qui ont
inventé ou découvert les conclusions théoriques des
communistes
mahdolliset yleismaailmalliset uudistajat eivät keksineet tai
löytäneet kommunistien teoreettisia johtopäätöksiä
Ils ne font qu'exprimer, en termes généraux, des rapports
réels qui naissent d'une lutte de classe existante
Ne vain ilmaisevat yleisesti olemassa olevasta
luokkataistelusta kumpuavia todellisia suhteita
Et ils décrivent le mouvement historique qui se déroule sous
nos yeux et qui a créé cette lutte des classes
Ja ne kuvaavat silmiemme alla tapahtuvaa historiallista
liikettä, joka on luonut tämän luokkataistelun
L'abolition des rapports de propriété existants n'est pas du
tout un trait distinctif du communisme
Olemassa olevien omistussuhteiden poistaminen ei ole
lainkaan kommunismin erottuva piirre
Dans le passé, toutes les relations de propriété ont été
continuellement sujettes à des changements historiques
Kaikki menneisyyden omistussuhteet ovat jatkuvasti olleet
historiallisen muutoksen kohteena
et ces changements ont été consécutifs au changement des
conditions historiques
Ja nämä muutokset johtuivat historiallisten olojen
muuttumisesta
La Révolution française, par exemple, a aboli la propriété
féodale au profit de la propriété bourgeoise
Esimerkiksi Ranskan vallankumous lakkautti feodaalisen
omaisuuden porvariston omaisuuden hyväksi

Le trait distinctif du communisme n'est pas l'abolition de la propriété, en général
Kommunismin tunnusomainen piirre ei ole omaisuuden lakkauttaminen yleensä
mais le trait distinctif du communisme, c'est l'abolition de la propriété bourgeoise
mutta kommunismin tunnusomainen piirre on porvariston omaisuuden lakkauttaminen
Mais la propriété privée de la bourgeoisie moderne est l'expression ultime et la plus complète du système de production et d'appropriation des produits
Mutta nykyajan porvariston yksityisomistus on tuotteiden tuotanto- ja omistusjärjestelmän lopullinen ja täydellisin ilmentymä
C'est l'état final d'un système basé sur les antagonismes de classe, où l'antagonisme de classe est l'exploitation du plus grand nombre par quelques-uns
Se on luokkavastakohtaisuuksiin perustuvan järjestelmän lopullinen tila, jossa luokkavastakohtaisuus on harvojen harjoittamaa monien riistoa
En ce sens, la théorie des communistes peut se résumer en une seule phrase ; l'abolition de la propriété privée
Tässä mielessä kommunistien teoria voidaan tiivistää yhteen lauseeseen; yksityisomistuksen lakkauttaminen
On nous a reproché, à nous communistes, de vouloir abolir le droit d'acquérir personnellement des biens
Meitä kommunisteja on moitittu halusta poistaa oikeus hankkia omaisuutta henkilökohtaisesti
On prétend que cette propriété est le fruit du travail de l'homme
Väitetään, että tämä omaisuus on ihmisen oman työn tulos
et cette propriété est censée être le fondement de toute liberté, de toute activité et de toute indépendance individuelles.

Ja tämän omaisuuden väitetään olevan kaiken henkilökohtaisen vapauden, toiminnan ja itsenäisyyden perusta.

« Propriété durement gagnée, auto-acquise, auto-gagnée ! »
"Kovalla työllä hankittu, itse hankittu, itse ansaittu omaisuus!"

Voulez-vous dire la propriété du petit artisan et du petit paysan ?
Tarkoitatteko pikkukäsityöläisten ja pientalonpoikien omaisuutta?

Voulez-vous parler d'une forme de propriété qui a précédé la forme bourgeoise ?
Tarkoitatko sellaista omaisuuden muotoa, joka edelsi porvariston muotoa?

Il n'est pas nécessaire de l'abolir, le développement de l'industrie l'a déjà détruit dans une large mesure
Sitä ei tarvitse poistaa, teollisuuden kehitys on jo suurelta osin tuhonnut sen

et le développement de l'industrie continue de la détruire chaque jour
ja teollisuuden kehitys tuhoaa sitä edelleen päivittäin

Ou voulez-vous parler de la propriété privée de la bourgeoisie moderne ?
Vai tarkoitatko nykyaikaista porvariston yksityisomaisuutta?

Mais le travail salarié crée-t-il une propriété pour l'ouvrier ?
Mutta luoko palkkatyö työläiselle mitään omaisuutta?

Non, le travail salarié ne crée pas une parcelle de ce genre de propriété !
Ei, palkkatyö ei luo tippaakaan tällaista omaisuutta!

Ce que le travail salarié crée, c'est du capital ; ce genre de propriété qui exploite le travail salarié
palkkatyö luo pääomaa; sellainen omaisuus, joka riistää palkkatyötä

Le capital ne peut s'accroître qu'à la condition d'engendrer une nouvelle offre de travail salarié pour une nouvelle exploitation

Pääoma ei voi lisääntyä muutoin kuin sillä ehdolla, että syntyy uusi palkkatyön tarjonta uutta riistoa varten

La propriété, dans sa forme actuelle, est fondée sur l'antagonisme du capital et du salariat

Omaisuus nykyisessä muodossaan perustuu pääoman ja palkkatyön vastakohtaisuuteen

Examinons les deux côtés de cet antagonisme

Tarkastelkaamme tämän vastakkainasettelun molempia puolia

Être capitaliste, ce n'est pas seulement avoir un statut purement personnel

Kapitalistina oleminen ei tarkoita pelkästään henkilökohtaista asemaa

Au contraire, être capitaliste, c'est aussi avoir un statut social dans la production

Sen sijaan kapitalistina oleminen tarkoittaa myös yhteiskunnallista asemaa tuotannossa

parce que le capital est un produit collectif ; Ce n'est que par l'action unie de nombreux membres qu'elle peut être mise en branle

koska pääoma on kollektiivinen tuote; Se voidaan panna liikkeelle vain monien jäsenten yhteisellä toiminnalla

Mais cette action unie n'est qu'un dernier recours, et nécessite en fait tous les membres de la société

Mutta tämä yhtenäinen toiminta on viimeinen keino ja vaatii itse asiassa kaikkia yhteiskunnan jäseniä

Le capital est converti en propriété de tous les membres de la société

Pääoma muuttuu yhteiskunnan kaikkien jäsenten omaisuudeksi

mais le Capital n'est donc pas une puissance personnelle ; c'est un pouvoir social

mutta pääoma ei siis ole persoonallinen voima; Se on sosiaalinen voima

Ainsi, lorsque le capital est converti en propriété sociale, la propriété personnelle n'est pas pour autant transformée en propriété sociale

Kun pääoma siis muunnetaan yhteiskunnalliseksi omaisuudeksi, henkilökohtaista omaisuutta ei sillä keinoin muuteta yhteiskunnalliseksi omaisuudeksi

Ce n'est que le caractère social de la propriété qui est modifié et qui perd son caractère de classe

Vain omaisuuden sosiaalinen luonne muuttuu ja menettää luokkaluonteensa

Regardons maintenant le travail salarié

Katsokaamme nyt palkkatyötä

Le prix moyen du salariat est le salaire minimum, c'est-à-dire le quantum des moyens de subsistance

Palkkatyön keskihinta on minimipalkka, ts. tuo toimeentulovälineiden määrä

Ce salaire est absolument nécessaire dans la simple existence d'un ouvrier

Tämä palkka on ehdoton edellytys pelkälle olemassaololle työläisenä

Ce que le salarié s'approprie par son travail ne suffit donc qu'à prolonger et à reproduire une existence nue

Se, minkä palkkatyöläinen siis anastaa työllään, riittää vain pidentämään ja uusintamaan pelkän olemassaolon

Nous n'avons nullement l'intention d'abolir cette appropriation personnelle des produits du travail

Emme missään nimessä aio lakkauttaa tätä työn tuotteiden henkilökohtaista haltuunottoa

une appropriation qui est faite pour le maintien et la reproduction de la vie humaine

määräraha, joka on tehty ihmiselämän ylläpitoon ja uusintamiseen

Une telle appropriation personnelle des produits du travail ne laisse pas de surplus pour commander le travail d'autrui

Tällainen työn tuotteiden henkilökohtainen haltuunotto ei jätä ylijäämää, jolla hallita muiden työtä;

Tout ce que nous voulons supprimer, c'est le caractère misérable de cette appropriation

Haluamme päästä eroon vain tämän määrärahan surkeasta luonteesta

l'appropriation dont vit l'ouvrier dans le seul but d'augmenter son capital

määräraha, jonka alaisuudessa työläinen elää vain pääoman lisäämiseksi;

Il n'est autorisé à vivre que dans la mesure où l'intérêt de la classe dominante l'exige

Hän saa elää vain niin kauan kuin hallitsevan luokan etu sitä vaatii

Dans la société bourgeoise, le travail vivant n'est qu'un moyen d'augmenter le travail accumulé

Porvarisyhteiskunnassa elävä työ on vain keino lisätä kasautunutta työtä

Dans la société communiste, le travail accumulé n'est qu'un moyen d'élargir, d'enrichir, de promouvoir l'existence de l'ouvrier

Kommunistisessa yhteiskunnassa kasautunut työ on vain keino laajentaa, rikastuttaa ja edistää työläisen olemassaoloa

C'est pourquoi, dans la société bourgeoise, le passé domine le présent

Porvarillisessa yhteiskunnassa menneisyys hallitsee siis nykyisyyttä

dans la société communiste, le présent domine le passé

kommunistisessa yhteiskunnassa nykyisyys hallitsee menneisyyttä

Dans la société bourgeoise, le capital est indépendant et a une individualité

Porvarillisessa yhteiskunnassa pääoma on itsenäistä ja yksilöllistä

Dans la société bourgeoise, la personne vivante est dépendante et n'a pas d'individualité

Porvarillisessa yhteiskunnassa elävä ihminen on riippuvainen eikä hänellä ole yksilöllisyyttä

Et l'abolition de cet état de choses est appelée par la bourgeoisie l'abolition de l'individualité et de la liberté !

Ja porvaristo kutsuu tämän asiaintilan lakkauttamista, yksilöllisyyden ja vapauden lakkauttamista!

Et c'est à juste titre qu'on l'appelle l'abolition de l'individualité et de la liberté !

Ja sitä kutsutaan oikeutetusti yksilöllisyyden ja vapauden poistamiseksi!

Le communisme vise à l'abolition de l'individualité bourgeoise

Kommunismi pyrkii hävittämään porvariston yksilöllisyyden

Le communisme veut l'abolition de l'indépendance de la bourgeoisie

Kommunismi pyrkii lakkauttamaan porvariston itsenäisyyden

La liberté de la bourgeoisie est sans aucun doute ce que vise le communisme

Porvariston vapaus on epäilemättä se, mihin kommunismi tähtää

dans les conditions actuelles de production de la bourgeoisie, la liberté signifie le libre-échange, la liberté de vendre et d'acheter

Porvariston nykyisissä tuotantoehdoissa vapaus merkitsee vapaata kauppaa, vapaata myyntiä ja ostamista

Mais si la vente et l'achat disparaissent, la vente et l'achat gratuits disparaissent également

Mutta jos myyminen ja ostaminen katoavat, katoaa myös vapaa myynti ja ostaminen

Les « paroles courageuses » de la bourgeoisie sur la vente et l'achat libres n'ont qu'un sens limité

Porvariston »rohkeilla sanoilla» vapaasta myynnistä ja ostamisesta on merkitystä vain rajoitetussa merkityksessä

Ces mots n'ont de sens que par opposition à la vente et à l'achat restreints

Näillä sanoilla on merkitystä vain toisin kuin rajoitetulla myynnillä ja ostamisella

et ces mots n'ont de sens que lorsqu'ils s'appliquent aux marchands enchaînés du moyen âge
ja näillä sanoilla on merkitystä vain silloin, kun niitä sovelletaan keskiajan kahlehtineisiin kauppiaisiin
et cela suppose que ces mots aient même un sens dans un sens bourgeois
ja se olettaa, että näillä sanoilla on jopa merkitystä porvarillisessa mielessä
mais ces mots n'ont aucun sens lorsqu'ils sont utilisés pour s'opposer à l'abolition communiste de l'achat et de la vente
mutta näillä sanoilla ei ole mitään merkitystä, kun niitä käytetään vastustamaan kommunistista ostamisen ja myymisen poistamista
les mots n'ont pas de sens lorsqu'ils sont utilisés pour s'opposer à l'abolition des conditions de production de la bourgeoisie
sanoilla ei ole mitään merkitystä, kun niitä käytetään vastustamaan porvariston tuotantoehtojen lakkauttamista
et ils n'ont aucun sens lorsqu'ils sont utilisés pour s'opposer à l'abolition de la bourgeoisie elle-même
eikä niillä ole mitään merkitystä, kun niitä käytetään vastustamaan itse porvariston lakkauttamista
Vous êtes horrifiés par notre intention d'en finir avec la propriété privée
Olette kauhuissanne siitä, että aiomme hävittää yksityisomaisuuden
Mais dans votre société actuelle, la propriété privée est déjà abolie pour les neuf dixièmes de la population
Mutta nykyisessä yhteiskunnassanne yksityisomistus on jo hävitetty yhdeksältä kymmenesosalta väestöstä
L'existence d'une propriété privée pour quelques-uns est uniquement due à sa non-existence entre les mains des neuf dixièmes de la population
Yksityisomaisuuden olemassaolo harvoille johtuu yksinomaan siitä, että sitä ei ole yhdeksän kymmenesosan väestöstä käsissä

Vous nous reprochez donc d'avoir l'intention de supprimer une forme de propriété

Te moititte meitä siis siitä, että aiomme hävittää eräänlaisen omaisuuden

Mais la propriété privée nécessite l'inexistence de toute propriété pour l'immense majorité de la société

Mutta yksityisomistus tekee välttämättömäksi, ettei yhteiskunnan suunnattomalle enemmistölle ole mitään omaisuutta

En un mot, vous nous reprochez d'avoir l'intention de vous débarrasser de vos biens

Yhdellä sanalla moititte meitä aikomuksestamme hävittää omaisuutenne

Et c'est précisément le cas ; se débarrasser de votre propriété est exactement ce que nous avons l'intention de faire

Ja juuri niin; Omaisuutesi poistaminen on juuri sitä, mitä aiomme

À partir du moment où le travail ne peut plus être converti en capital, en argent ou en rente

Siitä hetkestä lähtien, kun työtä ei voida enää muuttaa pääomaksi, rahaksi tai vuokraksi

quand le travail ne peut plus être converti en un pouvoir social monopolisé

kun työtä ei voida enää muuttaa monopolisoitavaksi yhteiskunnalliseksi mahdiksi

à partir du moment où la propriété individuelle ne peut plus être transformée en propriété bourgeoise

siitä hetkestä lähtien, kun yksityistä omaisuutta ei enää voida muuttaa porvariston omaisuudeksi

à partir du moment où la propriété individuelle ne peut plus être transformée en capital

siitä hetkestä lähtien, kun yksilöllistä omaisuutta ei enää voida muuttaa pääomaksi

À partir de ce moment-là, vous dites que l'individualité s'évanouit

Siitä hetkestä lähtien sanot, että yksilöllisyys katoaa

Vous devez donc avouer que par « individu » vous n'entendez personne d'autre que la bourgeoisie
Teidän on siis tunnustettava, että »yksilöllä» ei tarkoiteta ketään muuta henkilöä kuin porvaristoa

Vous devez avouer qu'il s'agit spécifiquement du propriétaire de la classe moyenne
Sinun on tunnustettava, että se viittaa nimenomaan keskiluokan omaisuuden omistajaan

Cette personne doit, en effet, être balayée et rendue impossible
Tämä henkilö on todellakin pyyhkäistävä pois tieltä ja tehtävä mahdottomaksi

Le communisme ne prive personne du pouvoir de s'approprier les produits de la société
Kommunismi ei riistä keneltäkään valtaa anastaa yhteiskunnan tuotteita

tout ce que fait le communisme, c'est de le priver du pouvoir de subjuguer le travail d'autrui au moyen d'une telle appropriation
kommunismi vain riistää häneltä vallan alistaa muiden työ tällaisen haltuunoton avulla

On a objecté qu'avec l'abolition de la propriété privée, tout travail cesserait
On vastustettu, että yksityisomistuksen lakkauttamisen jälkeen kaikki työ lakkaa

et il est alors suggéré que la paresse universelle nous rattrapera
Ja sitten ehdotetaan, että yleinen laiskuus ohittaa meidät

D'après cela, il y a longtemps que la société bourgeoise aurait dû aller aux chiens par pure oisiveté
Tämän mukaan porvariston yhteiskunnan olisi jo kauan sitten pitänyt mennä koirille silkan joutilaisuuden kautta

parce que ceux de ses membres qui travaillent, n'acquièrent rien
koska ne sen jäsenet, jotka työskentelevät, eivät saa mitään

et ceux de ses membres qui acquièrent quoi que ce soit, ne travaillent pas

ja ne sen jäsenet, jotka hankkivat jotain, eivät toimi

L'ensemble de cette objection n'est qu'une autre expression de la tautologie

Koko tämä vastaväite on vain yksi tautologian ilmentymä

Il ne peut plus y avoir de travail salarié quand il n'y a plus de capital

Palkkatyötä ei voi enää olla, kun pääomaa ei enää ole

Il n'y a pas de différence entre les produits matériels et les produits mentaux

Aineellisten tuotteiden ja henkisten tuotteiden välillä ei ole eroa

Le communisme propose que les deux soient produits de la même manière

Kommunismi ehdottaa, että nämä molemmat tuotetaan samalla tavalla

mais les objections contre les modes communistes de production sont les mêmes

mutta vastaväitteet kommunistisia tuotantotapoja vastaan ovat samat

pour la bourgeoisie, la disparition de la propriété de classe est la disparition de la production elle-même

Porvaristolle luokkaomaisuuden katoaminen merkitsee itse tuotannon katoamista

Ainsi, la disparition de la culture de classe est pour lui identique à la disparition de toute culture

Niinpä luokkakulttuurin katoaminen on hänelle sama asia kuin koko kulttuurin katoaminen

Cette culture, dont il déplore la perte, n'est pour l'immense majorité qu'un simple entraînement à agir comme une machine

Tämä kulttuuri, jonka menetystä hän harmittelee, on valtaosalle pelkkää koulutusta toimimaan koneena

Les communistes ont bien l'intention d'abolir la culture de la propriété bourgeoise

Kommunistit aikovat kovasti hävittää porvariston omistuskulttuurin

Mais ne vous querellez pas avec nous tant que vous appliquez les normes de vos notions bourgeoises de liberté, de culture, de droit, etc

Mutta älkää kiistelkö kanssamme niin kauan kuin sovellatte porvariston käsityksiä vapaudesta, kulttuurista, laista jne

Vos idées mêmes ne sont que le résultat des conditions de votre production bourgeoise et de la propriété bourgeoise

Teidän nimenomaiset ajatuksenne ovat vain porvariston tuotannon ja porvariston omaisuuden ehtojen seurauksia

de même que votre jurisprudence n'est que la volonté de votre classe érigée en loi pour tous

Aivan kuten oikeuskäytäntösi on, mutta luokkasi tahto on tehty laiksi kaikille

Le caractère essentiel et l'orientation de cette volonté sont déterminés par les conditions économiques créées par votre classe sociale

Tämän tahdon olennainen luonne ja suunta määräytyvät yhteiskuntaluokkanne luomien taloudellisten olosuhteiden mukaan

L'idée fausse égoïste qui vous pousse à transformer les formes sociales en lois éternelles de la nature et de la raison

Itsekäs väärinkäsitys, joka saa sinut muuttamaan sosiaaliset muodot ikuisiksi luonnon- ja järjen laeiksi

les formes sociales qui découlent de votre mode de production et de votre forme de propriété actuels

yhteiskunnalliset muodot, jotka juontavat juurensa nykyisestä tuotantotavastanne ja omistusmuodostanne

des rapports historiques qui naissent et disparaissent dans le progrès de la production

historialliset suhteet, jotka nousevat ja katoavat tuotannon kehittyessä

cette idée fausse que vous partagez avec toutes les classes dirigeantes qui vous ont précédés

Tämän väärinkäsityksen jaat jokaisen hallitsevan luokan
kanssa, joka on edeltänyt sinua

**Ce que vous voyez clairement dans le cas de la propriété
ancienne, ce que vous admettez dans le cas de la propriété
féodale**

Mitä näette selvästi muinaisen omaisuuden tapauksessa, mitä
myönnätte feodaalisen omaisuuden tapauksessa

**ces choses, il vous est bien entendu interdit de les admettre
dans le cas de votre propre forme de propriété bourgeoise**

näitä asioita teitä on tietenkin kielletty myöntämästä oman
porvariston omistusmuodon tapauksessa;

**Abolition de la famille ! Même les plus radicaux
s'enflamment devant cette infâme proposition des
communistes**

Perheen lakkauttaminen! Jopa radikaaleimmat leimahtavat
tätä kommunistien surullisen kuuluisaa ehdotusta

**Sur quelle base se fonde la famille actuelle, la famille
bourgeoise ?**

Mille perustalle nykyinen perhe, porvarisperhe, perustuu?

**La fondation de la famille actuelle est basée sur le capital et
le gain privé**

Nykyisen perheen perusta perustuu pääomaan ja yksityiseen
hyötyyn

**Sous sa forme complètement développée, cette famille
n'existe que dans la bourgeoisie**

Täysin kehittyneessä muodossaan tämä perhe on olemassa
vain porvariston keskuudessa

**Cet état de choses trouve son complément dans l'absence
pratique de la famille chez les prolétaires**

Tämä asiaintila saa täydennyksensä, kun proletaarien
keskuudessa ei käytännössä ole perhettä

Cet état de choses se retrouve dans la prostitution publique

Tämä asiaintila löytyy julkisesta prostituutiosta

**La famille bourgeoise disparaîtra d'office quand son effectif
disparaîtra**

Porvarisperhe katoaa itsestäänselvyytenä, kun sen täydennys katoaa

et l'une et l'autre s'évanouiront avec la disparition du capital

Ja nämä molemmat tulevat katoamaan pääoman kadotessa

Nous accusez-vous de vouloir mettre fin à l'exploitation des enfants par leurs parents ?

Syytättekö meitä siitä, että haluamme lopettaa vanhempien harjoittaman lasten hyväksikäytön?

Nous plaidons coupables de ce crime

Tähän rikokseen tunnustamme syyllisyytemme

Mais, direz-vous, on détruit les relations les plus sacrées, quand on remplace l'éducation à domicile par l'éducation sociale

Mutta te sanotte, me tuhoamme kaikkein pyhimmät suhteet, kun korvaamme kotiopetuksen sosiaalisella kasvatuksella

Votre éducation n'est-elle pas aussi sociale ? Et n'est-elle pas déterminée par les conditions sociales dans lesquelles vous éduquez ?

Eikö koulutuksesi ole myös sosiaalista? Ja eikö se määräydy sosiaalisten olojen mukaan, joissa koulutat?

par l'intervention, directe ou indirecte, de la société, par le biais de l'école, etc.

yhteiskunnan suoralla tai välillisellä väliintulolla, koulujen kautta jne.

Les communistes n'ont pas inventé l'intervention de la société dans l'éducation

Kommunistit eivät ole keksineet yhteiskunnan puuttumista koulutukseen

ils ne cherchent qu'à modifier le caractère de cette intervention

Ne pyrkivät vain muuttamaan tämän väliintulon luonnetta

et ils cherchent à sauver l'éducation de l'influence de la classe dirigeante

ja he pyrkivät pelastamaan koulutuksen hallitsevan luokan vaikutukselta

La bourgeoisie parle de la relation sacrée du parent et de l'enfant

Porvaristo puhuu vanhemman ja lapsen pyhästä suhteesta

mais ce baratin sur la famille et l'éducation devient d'autant plus répugnant quand on regarde l'industrie moderne

mutta tämä taputusloukku perheestä ja koulutuksesta tulee sitäkin inhottavammaksi, kun katsomme modernia teollisuutta

Tous les liens familiaux entre les prolétaires sont déchirés par l'industrie moderne

Nykyaikainen teollisuus repii rikki kaikki proletaarien väliset perhesiteet

Leurs enfants sont transformés en simples objets de commerce et en instruments de travail

Heidän lapsensa muutetaan yksinkertaisiksi kauppatavaroiksi ja työvälineiksi

Mais vous, communistes, vous créeriez une communauté de femmes, crie en chœur toute la bourgeoisie

Mutta te kommunistit loisitte naisten yhteisön, huutaa koko porvaristo kuorossa

La bourgeoisie ne voit en sa femme qu'un instrument de production

Porvaristo näkee vaimossaan pelkän tuotantovälineen

Il entend dire que les instruments de production doivent être exploités par tous

Hän kuulee, että tuotantovälineitä on käytettävä kaikkien hyväksi

et, naturellement, il ne peut arriver à aucune autre conclusion que celle d'être commun à tous retombera également sur les femmes

Ja luonnollisesti hän ei voi tulla muuhun johtopäätökseen kuin, että kaikille yhteinen osa lankeaa myös naisille

Il ne soupçonne même pas qu'il s'agit en fait d'en finir avec le statut de la femme en tant que simple instrument de production

Hän ei edes epäile, että todellinen tarkoitus on poistaa naisten asema pelkkinä tuotantovälineinä

Du reste, rien n'est plus ridicule que l'indignation vertueuse de notre bourgeoisie contre la communauté des femmes

Muuten mikään ei ole naurettavampaa kuin porvaristomme hyveellinen suuttumus naisten yhteisöä kohtaan

ils prétendent qu'elle doit être établie ouvertement et officiellement par les communistes

he teeskentelevät, että kommunistit perustavat sen avoimesti ja virallisesti

Les communistes n'ont pas besoin d'introduire la communauté des femmes, elle existe depuis des temps immémoriaux

Kommunisteilla ei ole tarvetta ottaa käyttöön naisten yhteisöä, se on ollut olemassa melkein ikimuistoisista ajoista lähtien

Notre bourgeoisie ne se contente pas d'avoir à sa disposition les femmes et les filles de ses prolétaires

Porvaristomme ei tyydy siihen, että heidän proletaariensa vaimot ja tyttäret ovat heidän käytettävissään

Ils prennent le plus grand plaisir à séduire les femmes de l'autre

He nauttivat eniten toistensa vaimojen viettelemisestä

Et cela ne parle même pas des prostituées ordinaires

Puhumattakaan tavallisista prostituoiduista

Le mariage bourgeois est en réalité un système d'épouses en commun

Porvariston avioliitto on todellisuudessa yhteinen vaimojärjestelmä

puis il y a une chose qu'on pourrait peut-être reprocher aux communistes

sitten on yksi asia, josta kommunisteja voidaan mahdollisesti moittia

Ils souhaitent introduire une communauté de femmes ouvertement légalisée

He haluavat ottaa käyttöön avoimesti laillistetun naisyhteisön

plutôt qu'une communauté de femmes hypocritement dissimulée
tekopyhästi piilotetun naisyhteisön sijaan
la communauté des femmes issues du système de production
Tuotantojärjestelmästä kumpuava naisten yhteisö
Abolissez le système de production, et vous abolissez la communauté des femmes
Lakkauttakaa tuotantojärjestelmä ja lakkauttakaa naisten yhteisö
La prostitution publique est abolie et la prostitution privée
sekä julkinen prostituutio lakkautetaan että yksityinen prostituutio
On reproche en outre aux communistes de vouloir abolir les pays et les nationalités
Kommunisteja moititaan vielä enemmän siitä, että he haluavat lakkauttaa maat ja kansallisuuden
Les travailleurs n'ont pas de patrie, nous ne pouvons donc pas leur prendre ce qu'ils n'ont pas
Työläisillä ei ole maata, joten emme voi ottaa heiltä sitä, mitä heillä ei ole
Le prolétariat doit d'abord acquérir la suprématie politique
Proletariaatin on ennen kaikkea saavutettava poliittinen ylivalta
Le prolétariat doit s'élever pour être la classe dirigeante de la nation
Proletariaatin on noustava kansakunnan johtavaksi luokaksi
Le prolétariat doit se constituer en nation
Proletariaatin on muodostettava itsensä kansakunnaksi
elle est, jusqu'à présent, elle-même nationale, mais pas dans le sens bourgeois du mot
se on toistaiseksi itse kansallinen, vaikkakaan ei sanan porvarillisessa merkityksessä
Les différences nationales et les antagonismes entre les peuples s'estompent chaque jour davantage
Kansalliset erot ja kansojen väliset vastakkainasettelut häviävät päivä päivältä yhä enemmän

grâce au développement de la bourgeoisie, à la liberté du commerce, au marché mondial

porvariston kehityksen, kaupan vapauden ja maailmanmarkkinoiden vuoksi

à l'uniformité du mode de production et des conditions de vie qui y correspondent

tuotantotavan ja sitä vastaavien elinolosuhteiden yhdenmukaisuuteen

La suprématie du prolétariat les fera disparaître encore plus vite

Proletariaatin ylivalta saa heidät katoamaan yhä nopeammin

L'action unie, du moins dans les principaux pays civilisés, est une des premières conditions de l'émancipation du prolétariat

Ainakin johtavien sivistysmaiden yhteinen toiminta on proletariaatin vapautumisen ensimmäisiä ehtoja

Dans la mesure où l'exploitation d'un individu par un autre prendra fin, l'exploitation d'une nation par une autre prendra également fin à

Sitä mukaa kuin toisen yksilön harjoittama riisto, loppuu myös toisen kansakunnan harjoittama riisto.

À mesure que l'antagonisme entre les classes à l'intérieur de la nation disparaîtra, l'hostilité d'une nation envers une autre prendra fin

Sitä mukaa kuin luokkien välinen vastakkainasettelu kansakunnan sisällä häviää, loppuu yhden kansakunnan vihamielisyys toista kansakuntaa kohtaan

Les accusations portées contre le communisme d'un point de vue religieux, philosophique et, en général, idéologique, ne méritent pas d'être examinées sérieusement

Kommunismia vastaan uskonnollisesta, filosofisesta ja yleensä ideologisesta näkökulmasta esitetyt syytökset eivät ansaitse vakavaa tarkastelua

Faut-il une intuition profonde pour comprendre que les idées, les vues et les conceptions de l'homme changent à

chaque changement dans les conditions de son existence matérielle ?

Vaatiiko se syvää intuitiota ymmärtääkseen, että ihmisen ajatukset, näkemykset ja käsitykset muuttuvat jokaisen muutoksen myötä hänen aineellisen olemassaolonsa olosuhteissa?

N'est-il pas évident que la conscience de l'homme change lorsque ses relations sociales et sa vie sociale changent ?

Eikö ole ilmeistä, että ihmisen tietoisuus muuttuu, kun hänen sosiaaliset suhteensa ja sosiaalinen elämänsä muuttuvat?

Qu'est-ce que l'histoire des idées prouve d'autre, sinon que la production intellectuelle change de caractère à mesure que la production matérielle se modifie ?

Mitä muuta aatehistoria todistaa kuin sen, että henkinen tuotanto muuttaa luonnettaan samassa suhteessa kuin aineellinen tuotanto muuttuu?

Les idées dominantes de chaque époque ont toujours été les idées de sa classe dirigeante

Kunkin aikakauden hallitsevat ideat ovat aina olleet sen hallitsevan luokan ideoita

Quand on parle d'idées qui révolutionnent la société, on n'exprime qu'un seul fait

Kun ihmiset puhuvat ajatuksista, jotka mullistavat yhteiskunnan, he ilmaisevat vain yhden tosiasian

Au sein de l'ancienne société, les éléments d'une nouvelle société ont été créés

Vanhassa yhteiskunnassa on luotu uuden yhteiskunnan elementit

et que la dissolution des vieilles idées va de pair avec la dissolution des anciennes conditions d'existence

ja että vanhojen ideoiden hajoaminen pysyy samassa tahdissa vanhojen olemassaolon ehtojen hajoamisen kanssa

Lorsque le monde antique était dans ses dernières affresses, les anciennes religions ont été vaincues par le christianisme

Kun muinainen maailma oli viimeisissä tuskissaan, kristinusko voitti muinaiset uskonnot

Lorsque les idées chrétiennes ont succombé au XVIIIe siècle aux idées rationalistes, la société féodale a mené une bataille à mort contre la bourgeoisie alors révolutionnaire

Kun kristilliset aatteet antautuivat 1800-luvulla rationalistisille ajatuksille, feodaalinen yhteiskunta taisteli kuolemantaistelunsa silloista vallankumouksellista porvaristoa vastaan

Les idées de liberté religieuse et de liberté de conscience n'ont fait qu'exprimer l'emprise de la libre concurrence dans le domaine de la connaissance

Uskonnonvapauden ja omantunnonvapauden ajatukset vain ilmaisivat vapaan kilpailun vallan tiedon alalla

« Sans doute, dira-t-on, les idées religieuses, morales, philosophiques et juridiques ont été modifiées au cours du développement historique »

"Epäilemättä", sanotaan, "uskonnolliset, moraaliset, filosofiset ja oikeudelliset ajatukset ovat muuttuneet historiallisen kehityksen aikana"

Mais la religion, la morale, la philosophie, la science politique et le droit ont constamment survécu à ce changement.

"Mutta uskonto, moraalifilosofia, valtio-oppi ja laki selvisivät jatkuvasti tästä muutoksesta."

« Il y a aussi des vérités éternelles, telles que la Liberté, la Justice, etc. »

"On myös iankaikkisia totuuksia, kuten vapaus, oikeudenmukaisuus jne."

« Ces vérités éternelles sont communes à tous les états de la société »

"Nämä ikuiset totuudet ovat yhteisiä kaikille yhteiskunnan tiloille"

« Mais le communisme abolit les vérités éternelles, il abolit toute religion et toute morale »

"Mutta kommunismi poistaa ikuiset totuudet, se hävittää kaiken uskonnon ja kaiken moraalin."

« il fait cela au lieu de les constituer sur une nouvelle base »

"Se tekee tämän sen sijaan, että muodostaisi ne uudelta pohjalta"

« Elle agit donc en contradiction avec toute l'expérience historique passée »

"Siksi se toimii ristiriidassa kaiken aikaisemman historiallisen kokemuksen kanssa"

À quoi se réduit cette accusation ?

Mihin tämä syytös pelkistyy?

L'histoire de toute la société passée a consisté dans le développement d'antagonismes de classe

Koko menneen yhteiskunnan historia on koostunut luokkavastakohtien kehittymisestä

antagonismes qui ont pris des formes différentes selon les époques

antagonismit, jotka saivat erilaisia muotoja eri aikakausina

Mais quelle que soit la forme qu'ils aient prise, un fait est commun à tous les âges passés

Mutta minkä muodon ne ovatkin saaneet, yksi tosiasia on yhteinen kaikille menneille aikakausille

l'exploitation d'une partie de la société par l'autre

yhteiskunnan yhden osan hyväksikäyttö toisen toimesta

Il n'est donc pas étonnant que la conscience sociale des âges passés se meuve à l'intérieur de certaines formes communes ou d'idées générales

Ei siis ihme, että menneiden aikojen sosiaalinen tietoisuus liikkuu tiettyjen yhteisten muotojen tai yleisten ideoiden sisällä

(et ce, malgré toute la multiplicité et la variété qu'il affiche)

(ja tämä on huolimatta kaikesta sen moninaisuudesta ja monipuolisuudesta)

et ceux-ci ne peuvent disparaître complètement qu'avec la disparition totale des antagonismes de classe

Eivätkä ne voi kokonaan hävitä, paitsi luokkavastakohtaisuuksien täydelliseen häviämiseen

La révolution communiste est la rupture la plus radicale avec les rapports de propriété traditionnels

Kommunistinen vallankumous on radikaalein repeämä
perinteisissä omistussuhteissa
**Il n'est donc pas étonnant que son développement implique
la rupture la plus radicale avec les idées traditionnelles**
Ei ihme, että sen kehittämiseen liittyy radikaalein repeämä
perinteisten ideoiden kanssa
**Mais finissons-en avec les objections de la bourgeoisie
contre le communisme**
Mutta lopettakaamme porvariston vastustus kommunismia
vastaan
**Nous avons vu plus haut le premier pas de la révolution de
la classe ouvrière**
Olemme edellä nähneet työväenluokan vallankumouksen
ensimmäisen askeleen
**Le prolétariat doit être élevé à la position de dirigeant, pour
gagner la bataille de la démocratie**
Proletariaatti on nostettava hallitsevaan asemaan,
demokratian taistelun voittamiseksi
**Le prolétariat usera de sa suprématie politique pour arracher
peu à peu tout le capital à la bourgeoisie**
Proletariaatti käyttää poliittista ylivaltaansa riistääkseen
asteittain kaiken pääoman porvaristolta
**elle centralisera tous les instruments de production entre les
mains de l'État**
se keskittää kaikki tuotantovälineet valtion käsiin
**En d'autres termes, le prolétariat s'est organisé en classe
dominante**
Toisin sanoen proletariaatti järjestäytyi hallitsevaksi luokaksi
**et elle augmentera le plus rapidement possible le total des
forces productives**
ja se lisää tuotantovoimien kokonaismäärää mahdollisimman
nopeasti
**Bien sûr, au début, cela ne peut se faire qu'au moyen
d'incursions despotiques dans les droits de propriété**
Alussa tämä ei tietenkään voi tapahtua muuten kuin
despoottisilla tunkeutumisilla omistusoikeuksiin

et elle doit être réalisée dans les conditions de la production bourgeoise

ja se on saavutettava porvariston tuotannon ehdoilla

Elle est donc réalisée au moyen de mesures qui semblent économiquement insuffisantes et intenables

Se saavutetaan siis toimenpiteillä, jotka vaikuttavat taloudellisesti riittämättömiltä ja kestämättömiltä

mais ces moyens, dans le cours du mouvement, se dépassent d'eux-mêmes

Mutta nämä keinot ylittävät liikkeen aikana itsensä

elles nécessitent de nouvelles incursions dans l'ancien ordre social

Ne vaativat lisää tunkeutumista vanhaan yhteiskuntajärjestykseen

et ils sont inévitables comme moyen de révolutionner entièrement le mode de production

ja ne ovat väistämättömiä keinona mullistaa täysin tuotantotapa

Ces mesures seront bien sûr différentes selon les pays

Nämä toimenpiteet ovat tietenkin erilaisia eri maissa

Néanmoins, dans les pays les plus avancés, ce qui suit sera assez généralement applicable

Edistyneimmissä maissa seuraavat ovat kuitenkin melko yleisesti sovellettavissa

1. L'abolition de la propriété foncière et l'affectation de toutes les rentes foncières à des fins publiques.

1. Maaomaisuuden lakkauttaminen ja kaikkien maanvuokrien soveltaminen julkisiin tarkoituksiin.

2. Un impôt sur le revenu progressif ou progressif lourd.

2. Raskas progressiivinen tai asteittainen tulovero.

3. Abolition de tout droit d'héritage.

3. Kaikkien perintöoikeuksien poistaminen.

4. Confiscation des biens de tous les émigrés et rebelles.

4. Kaikkien siirtolaisten ja kapinallisten omaisuuden takavarikointi.

5. Centralisation du crédit entre les mains de l'État, au moyen d'une banque nationale à capital d'État et monopole exclusif.

5. Luottojen keskittäminen valtiolle sellaisen kansallisen pankin kautta, jolla on valtion pääomaa ja yksinomainen monopoli.

6. Centralisation des moyens de communication et de transport entre les mains de l'État.

6. Viestintä- ja kuljetusvälineiden keskittäminen valtion käsiin.

7. Extension des usines et des instruments de production appartenant à l'État

7. Valtion omistamien tehtaiden ja tuotantovälineiden laajentaminen

la mise en culture des terres incultes, et l'amélioration du sol en général d'après un plan commun.

joutomaiden viljelyyn ottaminen ja maaperän parantaminen yleensä yhteisen suunnitelman mukaisesti.

8. Responsabilité égale de tous vis-à-vis du travail

8. Kaikkien yhtäläinen vastuu työstä

Mise en place d'armées industrielles, notamment pour l'agriculture.

Teollisuusarmeijoiden perustaminen, erityisesti maataloutta varten.

9. Combinaison de l'agriculture et des industries manufacturières

9. Maatalouden ja tehdasteollisuuden yhdistäminen

l'abolition progressive de la distinction entre la ville et la campagne, par une répartition plus égale de la population sur le territoire.

kaupungin ja maaseudun välisen eron asteittainen poistaminen jakamalla väestö tasaisemmin koko maassa.

10. Gratuité de l'éducation pour tous les enfants dans les écoles publiques.

10. Ilmainen koulutus kaikille lapsille julkisissa kouluissa.

Abolition du travail des enfants dans les usines sous sa forme actuelle

Lasten tehdastyön lakkauttaminen nykyisessä muodossaan
Combinaison de l'éducation et de la production industrielle
Koulutuksen ja teollisuustuotannon yhdistäminen
Quand, au cours du développement, les distinctions de classe ont disparu
Kun luokkaerot ovat kehityksen kuluessa kadonneet
et quand toute la production aura été concentrée entre les mains d'une vaste association de toute la nation
ja kun kaikki tuotanto on keskitetty koko kansakunnan laajan yhteenliittymän käsiin
alors la puissance publique perdra son caractère politique
Silloin julkinen valta menettää poliittisen luonteensa
Le pouvoir politique, proprement dit, n'est que le pouvoir organisé d'une classe pour en opprimer une autre
Poliittinen valta, oikein niin kutsuttuna, on vain yhden luokan järjestäytynyttä valtaa toisen sortamiseksi
Si le prolétariat, dans sa lutte contre la bourgeoisie, est contraint, par la force des choses, de s'organiser en classe
Jos proletariaatti porvariston kanssa käymässään taistelussa joutuu olosuhteiden pakosta järjestäytymään luokaksi
si, par une révolution, elle se fait la classe dominante
jos se vallankumouksen avulla tekee itsestään hallitsevan luokan
et, en tant que telle, elle balaie par la force les anciennes conditions de production
ja sellaisena se pyyhkäisee väkisin pois vanhat tuotantoehdot
alors, avec ces conditions, elle aura balayé les conditions d'existence des antagonismes de classes et des classes en général
Silloin se yhdessä näiden ehtojen kanssa on pyyhkäissyt pois luokkavastakohtien ja yleensä luokkien olemassaolon edellytykset
et aura ainsi aboli sa propre suprématie en tant que classe.
ja on siten poistanut oman ylivaltansa luokkana.
A la place de l'ancienne société bourgeoise, avec ses classes et ses antagonismes de classes, nous aurons une association

Vanhan porvarisyhteiskunnan luokkaineen ja luokkavastakohtaisuuksineen sijasta meillä tulee olemaan yhdistys

une association dans laquelle le libre développement de chacun est la condition du libre développement de tous

yhdistys, jossa jokaisen vapaa kehitys on kaikkien vapaan kehityksen edellytys

1) Le socialisme réactionnaire
1) Taantumuksellinen sosialismi

a) Le socialisme féodal
a) Feodaalinen sosialismi

les aristocraties de France et d'Angleterre avaient une position historique unique
Ranskan ja Englannin aristokratioilla oli ainutlaatuinen historiallinen asema
c'est devenu leur vocation d'écrire des pamphlets contre la société bourgeoise moderne
Heidän kutsumuksekseen tuli kirjoittaa pamfletteja modernia porvarisyhteiskuntaa vastaan
Dans la révolution française de juillet 1830 et dans l'agitation réformiste anglaise
Ranskan vallankumouksessa heinäkuussa 1830 ja Englannin uudistusagitaatiossa
Ces aristocraties succombèrent de nouveau à l'odieux parvenu
Nämä aristokratiat antautuivat jälleen vihamieliselle nousulle
Dès lors, il n'était plus question d'une lutte politique sérieuse
Siitä lähtien vakava poliittinen kilpailu ei tullut kysymykseenkään
Tout ce qui restait possible, c'était une bataille littéraire, pas une véritable bataille
Ainoa, mikä jäi mahdolliseksi, oli kirjallinen taistelu, ei varsinainen taistelu
Mais même dans le domaine de la littérature, les vieux cris de la période de la restauration étaient devenus impossibles
Mutta jopa kirjallisuuden alalla restaurointiajan vanhat huudot olivat käyneet mahdottomiksi
Pour s'attirer la sympathie, l'aristocratie était obligée de perdre de vue, semble-t-il, ses propres intérêts

Myötätunnon herättämiseksi aristokratian oli pakko unohtaa
ilmeisesti omat etunsa
**et ils ont été obligés de formuler leur réquisitoire contre la
bourgeoisie dans l'intérêt de la classe ouvrière exploitée**
ja heidän oli pakko muotoilla syytteensä porvaristoa vastaan
riistetyn työväenluokan edun nimissä
**C'est ainsi que l'aristocratie prit sa revanche en chantant des
pamphlets sur son nouveau maître**
Niinpä aristokratia kosti laulamalla lamppuja uudelle
mestarilleen
**et ils prirent leur revanche en lui murmurant à l'oreille de
sinistres prophéties de catastrophe à venir**
ja he kostautuivat kuiskaamalla hänen korviinsa synkkiä
profetioita tulevasta katastrofista
**C'est ainsi qu'est né le socialisme féodal : moitié
lamentation, moitié moquerie**
Tällä tavoin syntyi feodaalinen sosialismi: puoliksi valitusta,
puoliksi halveksimista
**Il sonnait comme un demi-écho du passé, et projetait une
demi-menace de l'avenir**
Se soi puoliksi kaikuna menneisyydestä ja projisoi puoliksi
tulevaisuuden uhkaa
**parfois, par sa critique acerbe, spirituelle et incisive, il
frappait la bourgeoisie au plus profond de lui-même**
katkeralla, nokkelalla ja terävällä kritiikillään se iski toisinaan
porvaristoon sydäntä myöten
**mais elle a toujours été ridicule dans son effet, par
l'incapacité totale de comprendre la marche de l'histoire
moderne**
Mutta sen vaikutus oli aina naurettava, koska se oli täysin
kykenemätön ymmärtämään modernin historian kulkua
**L'aristocratie, pour rallier le peuple à elle, agitait le sac
d'aumône prolétarien en guise de bannière**
Aristokratia, saadakseen ihmiset heidän luokseen, heilutti
proletaarista almupussia edessä banneria varten

Mais le peuple, toutes les fois qu'il se joignait à lui, voyait
sur son arrière-train les anciennes armoiries féodales
Mutta kansa, niin usein kuin se liittyi heihin, näki
takaneljänneksissään vanhat feodaaliset vaakunat
et ils désertèrent avec des rires bruyants et irrévérencieux
ja he poistuivat paikalta äänekkäällä ja epäkunnioittavalla
naurulla
Une partie des légitimistes français et de la « Jeune
Angleterre » offrit ce spectacle
Yksi osa ranskalaisista legitimisteistä ja "nuoresta Englannista"
esitteli tämän spektaakkelin
les féodaux ont fait remarquer que leur mode d'exploitation
était différent de celui de la bourgeoisie
feodalistit huomauttivat, että heidän riistotapansa oli erilainen
kuin porvariston
Les féodaux oublient qu'ils ont exploité dans des
circonstances et des conditions tout à fait différentes
Feodalistit unohtavat, että he käyttivät hyväkseen aivan
toisenlaisissa olosuhteissa ja olosuhteissa
Et ils n'ont pas remarqué que de telles méthodes
d'exploitation sont maintenant désuètes
Ja he eivät huomanneet, että tällaiset
hyväksikäyttömenetelmät ovat nyt vanhentuneita
Ils ont montré que, sous leur domination, le prolétariat
moderne n'a jamais existé
He osoittivat, että heidän hallintonsa aikana modernia
proletariaattia ei koskaan ollut olemassa
mais ils oublient que la bourgeoisie moderne est le produit
nécessaire de leur propre forme de société
mutta he unohtavat, että nykyaikainen porvaristo on heidän
oman yhteiskuntamuotonsa välttämätön jälkeläinen
Pour le reste, ils dissimulent à peine le caractère
réactionnaire de leur critique
Muilta osin he tuskin peittelevät kritiikkinsä taantumuksellista
luonnetta

Leur principale accusation contre la bourgeoisie se résume à ceci

heidän pääsyytöksensä porvaristoa vastaan on seuraava:

sous le régime bourgeois, une classe sociale se développe

Porvariston hallinnon aikana kehitetään yhteiskuntaluokkaa

Cette classe sociale est destinée à découper de fond en comble l'ancien ordre de la société

Tämän yhteiskuntaluokan kohtalona on katkaista ja haaroittaa vanha yhteiskuntajärjestys

Ce qu'ils reprochent à la bourgeoisie, ce n'est pas tant qu'elle crée un prolétariat

Se, millä he kasvattavat porvaristoa, ei ole niinkään se, että se luo proletariaatin

ce qu'ils reprochent à la bourgeoisie, c'est plutôt de créer un prolétariat révolutionnaire

se, millä he kasvattavat porvaristoa, on enemmänkin se, että se luo vallankumouksellisen proletariaatin

Dans la pratique politique, ils se joignent donc à toutes les mesures coercitives contre la classe ouvrière

Poliittisessa käytännössä he siis osallistuvat kaikkiin työväenluokan vastaisiin pakkokeinoihin

Et dans la vie ordinaire, malgré leurs phrases hautaines, ils s'abaissent à ramasser les pommes d'or tombées de l'arbre de l'industrie

Ja tavallisessa elämässä, huolimatta korkeatasoisista lauseistaan, he kumartuvat poimimaan teollisuuden puusta pudonneet kultaiset omenat

et ils troquent la vérité, l'amour et l'honneur contre le commerce de la laine, du sucre de betterave et de l'eau-de-vie de pommes de terre

ja he vaihtavat totuutta, rakkautta ja kunniaa villan, punajuurisokerin ja perunan väkevien alkoholijuomien kauppaan

De même que le pasteur a toujours marché main dans la main avec le propriétaire foncier, il en a été de même du socialisme clérical et du socialisme féodal

Niin kuin pappila on aina kulkenut käsi kädessä tilanherran kanssa, niin on pappissosialismi kulkenut käsi kädessä feodaalisen sosialismin kanssa

Rien n'est plus facile que de donner à l'ascétisme chrétien une teinte socialiste

Mikään ei ole helpompaa kuin antaa kristilliselle askeesille sosialistinen sävy

Le christianisme n'a-t-il pas déclamé contre la propriété privée, contre le mariage, contre l'État ?

Eikö kristinusko ole julistanut yksityisomaisuutta, avioliittoa ja valtiota vastaan?

Le christianisme n'a-t-il pas prêché à la place de la charité et de la pauvreté ?

Eikö kristinusko ole saarnannut näiden sijasta, hyväntekeväisyydestä ja köyhyydestä?

Le christianisme ne prêche-t-il pas le célibat et la mortification de la chair, de la vie monastique et de l'Église mère ?

Eikö kristinusko saarnaa selibaatista ja lihan kuolettamisesta, luostarielämästä ja äitikirkosta?

Le socialisme chrétien n'est que l'eau bénite avec laquelle le prêtre consacre les brûlures du cœur de l'aristocrate

Kristillinen sosialismi on vain pyhää vettä, jolla pappi pyhittää aristokraatin sydämen polttamisen

b) Le socialisme petit-bourgeois
b) Pikkuporvarillinen sosialismi

L'aristocratie féodale n'est pas la seule classe ruinée par la bourgeoisie
Feodaalinen aristokratia ei ollut ainoa luokka, jonka porvaristo tuhosi
ce n'était pas la seule classe dont les conditions d'existence languissaient et périssaient dans l'atmosphère de la société bourgeoise moderne
se ei ollut ainoa luokka, jonka olemassaolon ehdot peittyivät ja tuhoutuivat nykyaikaisen porvariston yhteiskunnan ilmapiirissä
Les bourgeois médiévaux et les petits propriétaires paysans ont été les précurseurs de la bourgeoisie moderne
Keskiaikaiset porvarit ja pientalonpoikaisomistajat olivat modernin porvariston edeltäjiä
Dans les pays peu développés, tant au point de vue industriel que commercial, ces deux classes végètent encore côte à côte
Niissä maissa, jotka ovat teollisesti ja kaupallisesti vain vähän kehittyneitä, nämä kaksi luokkaa kasvavat edelleen rinnakkain
et pendant ce temps, la bourgeoisie se lève à côté d'eux : industriellement, commercialement et politiquement
ja sillä välin porvaristo nousee heidän viereensä: teollisesti, kaupallisesti ja poliittisesti
Dans les pays où la civilisation moderne s'est pleinement développée, une nouvelle classe de petite bourgeoisie s'est formée
Maissa, joissa nykyaikainen sivilisaatio on täysin kehittynyt, on muodostunut uusi pikkuporvariston luokka
cette nouvelle classe sociale oscille entre le prolétariat et la bourgeoisie
tämä uusi yhteiskuntaluokka vaihtelee proletariaatin ja porvariston välillä

et elle se renouvelle sans cesse en tant que partie
supplémentaire de la société bourgeoise
ja se uudistuu alati porvariston yhteiskunnan täydentävänä
osana
Cependant, les membres individuels de cette classe sont
constamment précipités dans le prolétariat
Tämän luokan yksittäisiä jäseniä heitetään kuitenkin alituiseen
proletariaattiin
ils sont aspirés par le prolétariat par l'action de la
concurrence
Proletariaatti imee heidät itseensä kilpailun vaikutuksesta
Au fur et à mesure que l'industrie moderne se développe, ils
voient même approcher le moment où ils disparaîtront
complètement en tant que section indépendante de la société
moderne
Nykyaikaisen teollisuuden kehittyessä he näkevät jopa
lähestyvän hetken, jolloin he katoavat kokonaan itsenäisenä
osana modernia yhteiskuntaa
ils seront remplacés, dans les manufactures, l'agriculture et
le commerce, par des surveillants, des huissiers et des
boutiquiers
Ne korvataan teollisuudessa, maataloudessa ja kaupassa
sivustakatsojilla, haastemiehillä ja kauppiailla
Dans des pays comme la France, où les paysans représentent
bien plus de la moitié de la population
Ranskan kaltaisissa maissa, joissa talonpojat muodostavat
paljon yli puolet väestöstä
il était naturel qu'il y ait des écrivains qui se rangent du côté
du prolétariat contre la bourgeoisie
Oli luonnollista, että siellä oli kirjailijoita, jotka asettuivat
proletariaatin puolelle porvaristoa vastaan
dans leur critique du régime bourgeois, ils utilisaient
l'étendard de la bourgeoisie paysanne et de la petite
bourgeoisie
arvostellessaan porvariston järjestelmää he käyttivät
talonpoikais- ja pikkuporvariston mittapuuta

et, du point de vue de ces classes intermédiaires, ils
prennent le relais de la classe ouvrière
Ja näiden väliluokkien näkökulmasta katsottuna he ottavat
kädenojennuksen työväenluokalle
C'est ainsi qu'est né le socialisme petit-bourgeois, dont
Sismondi était le chef de cette école, non seulement en
France, mais aussi en Angleterre
Näin syntyi pikkuporvarissosialismi, jonka johtaja Sismondi
oli, ei vain Ranskassa vaan myös Englannissa
Cette école du socialisme a disséqué avec une grande acuité
les contradictions des conditions de la production moderne
Tämä sosialismin koulukunta eritteli hyvin terävästi
nykyaikaisen tuotannon ehtojen ristiriidat
Cette école a mis à nu les excuses hypocrites des économistes
Tämä koulukunta paljasti taloustieteilijöiden tekopyhät
anteeksipyynnöt
Cette école prouva sans conteste les effets désastreux du
machinisme et de la division du travail
Tämä koulukunta todisti kiistattomasti koneiden ja työnjaon
tuhoisat vaikutukset
elle prouvait la concentration du capital et de la terre entre
quelques mains
Se osoitti pääoman ja maan keskittymisen muutamiin käsiin
elle a prouvé comment la surproduction conduit à des crises
bourgeoises
se osoitti, kuinka ylituotanto johtaa porvariston kriiseihin
il soulignait la ruine inévitable de la petite bourgeoisie et
des paysans
se osoitti pikkuporvariston ja talonpojan väistämättömän
tuhon
la misère du prolétariat, l'anarchie de la production, les
inégalités criantes dans la répartition des richesses
proletariaatin kurjuus, tuotannon anarkia, huutava epätasa-
arvo vaurauden jakautumisessa
Il a montré comment le système de production mène la
guerre industrielle d'extermination entre les nations

Se osoitti, kuinka tuotantojärjestelmä johtaa kansakuntien
välistä teollista tuhoamissotaa
**la dissolution des vieux liens moraux, des vieilles relations
familiales, des vieilles nationalités**
vanhojen moraalisten siteiden, vanhojen perhesuhteiden,
vanhojen kansallisuuksien hajoaminen
**Dans ses objectifs positifs, cependant, cette forme de
socialisme aspire à réaliser l'une des deux choses suivantes**
Myönteisissä tavoitteissaan tämä sosialismin muoto pyrkii
kuitenkin saavuttamaan jommankumman kahdesta asiasta
**soit elle vise à restaurer les anciens moyens de production et
d'échange**
Joko sen tavoitteena on palauttaa vanhat tuotanto- ja
vaihtovälineet
**et avec les anciens moyens de production, elle rétablirait les
anciens rapports de propriété et l'ancienne société**
ja vanhoilla tuotantovälineillä se palauttaisi vanhat
omistussuhteet ja vanhan yhteiskunnan
**ou bien elle vise à enfermer les moyens modernes de
production et d'échange dans l'ancien cadre des rapports de
propriété**
tai se pyrkii ahtamaan nykyaikaiset tuotanto- ja vaihtovälineet
omistussuhteiden vanhaan kehykseen
**Dans un cas comme dans l'autre, elle est à la fois
réactionnaire et utopique**
Kummassakin tapauksessa se on sekä taantumuksellinen että
utopistinen
**Ses derniers mots sont : guildes corporatives pour la
fabrication, relations patriarcales dans l'agriculture**
Sen viimeiset sanat ovat: yrityskillat valmistukseen,
patriarkaaliset suhteet maataloudessa
**En fin de compte, lorsque les faits historiques obstinés ont
dispersé tous les effets enivrants de l'auto-tromperie**
Lopulta, kun itsepäiset historialliset tosiasiat olivat hajottaneet
kaikki itsepetoksen huumaavat vaikutukset

cette forme de socialisme se termina par un misérable accès
de pitié
tämä sosialismin muoto päättyi surkeaan sääliin

c) Le socialisme allemand, ou « vrai »
c) Saksalainen eli "todellinen" sosialismi

La littérature socialiste et communiste de France est née sous
la pression d'une bourgeoisie au pouvoir
Ranskan sosialistinen ja kommunistinen kirjallisuus syntyi
vallassa olevan porvariston painostuksesta
Et cette littérature était l'expression de la lutte contre ce
pouvoir
Ja tämä kirjallisuus oli ilmaus taistelusta tätä valtaa vastaan
elle a été introduite en Allemagne à une époque où la
bourgeoisie venait de commencer sa lutte contre
l'absolutisme féodal
se tuotiin Saksaan aikana, jolloin porvaristo oli juuri aloittanut
taistelunsa feodaalisen absolutismin kanssa
Les philosophes allemands, les prétendus philosophes et les
beaux esprits, s'emparèrent avidement de cette littérature
Saksalaiset filosofit, mahdolliset filosofit ja beaux espritit
tarttuivat innokkaasti tähän kirjallisuuteen
mais ils oubliaient que les écrits avaient émigré de France en
Allemagne sans apporter avec eux les conditions sociales
françaises
mutta he unohtivat, että kirjoitukset muuttivat Ranskasta
Saksaan tuomatta mukanaan Ranskan yhteiskunnallisia oloja
Au contact des conditions sociales allemandes, cette
littérature française perd toute sa signification pratique
immédiate
Saksan yhteiskunnallisten olojen yhteydessä tämä
ranskalainen kirjallisuus menetti kaiken välittömän käytännön
merkityksensä

**et la littérature communiste de France a pris un aspect
purement littéraire dans les cercles académiques allemands**

ja Ranskan kommunistinen kirjallisuus sai puhtaasti kirjallisen
näkökulman Saksan akateemisissa piireissä

**Ainsi, les exigences de la première Révolution française
n'étaient rien d'autre que les exigences de la « raison
pratique »**

Näin ollen Ranskan ensimmäisen vallankumouksen
vaatimukset eivät olleet mitään muuta kuin »käytännöllisen
järjen» vaatimuksia

**et l'expression de la volonté de la bourgeoisie française
révolutionnaire signifiait à leurs yeux la loi de la volonté
pure**

ja Ranskan vallankumouksellisen porvariston tahdon
julkilausunta merkitsi heidän silmissään puhtaan tahdon lakia

**il signifiait la Volonté telle qu'elle devait être ; de la vraie
Volonté humaine en général**

se merkitsi tahtoa sellaisena kuin sen oli pakko olla;
todellisesta ihmisen tahdosta yleensä

**Le monde des lettrés allemands ne consistait qu'à mettre les
nouvelles idées françaises en harmonie avec leur ancienne
conscience philosophique**

Saksalaisen kirjallisuuden maailma koostui yksinomaan
uusien ranskalaisten ideoiden saattamisesta sopusointuun
muinaisen filosofisen omantuntonsa kanssa

**ou plutôt, ils ont annexé les idées françaises sans déserter
leur propre point de vue philosophique**

tai pikemminkin he liittivät ranskalaiset ajatukset hylkäämättä
omaa filosofista näkökulmaansa

**Cette annexion s'est faite de la même manière que l'on
s'approprie une langue étrangère, c'est-à-dire par la
traduction**

Tämä liittäminen tapahtui samalla tavalla kuin vieras kieli
omistetaan, nimittäin kääntämällä

**Il est bien connu comment les moines ont écrit des vies
stupides de saints catholiques sur des manuscrits**

On tunnettua, kuinka munkit kirjoittivat katolisten pyhien
typerää elämää käsikirjoitusten päälle
**les manuscrits sur lesquels les œuvres classiques de l'ancien
paganisme avaient été écrites**
käsikirjoitukset, joihin muinaisen pakanuuden klassiset
teokset oli kirjoitettu
**Les lettrés allemands ont inversé ce processus avec la
littérature française profane**
Saksalainen kirjallisuus käänsi tämän prosessin
päinvastaiseksi rienaavalla ranskalaisella kirjallisuudella
**Ils ont écrit leurs absurdités philosophiques sous l'original
français**
He kirjoittivat filosofisen hölynpölynsä ranskalaisen
alkuperäiskappaleen alle
**Par exemple, sous la critique française des fonctions
économiques de l'argent, ils ont écrit « L'aliénation de
l'humanité »**
Esimerkiksi ranskalaisen kritiikin rahan taloudellisista
funktioista alle he kirjoittivat "Ihmiskunnan vieraantuminen"
**au-dessous de la critique française de l'État bourgeois, ils
écrivaient « détrônement de la catégorie du général »**
Ranskan porvarisvaltioon kohdistaman kritiikin alle he
kirjoittivat "kenraalin kategorian valtaistuimelta syökseminen"
**L'introduction de ces phrases philosophiques à la fin des
critiques historiques françaises qu'ils ont baptisées :**
Näiden filosofisten lauseiden esittely ranskalaisen
historiallisen kritiikin takana, jota he kutsuivat:
**« Philosophie de l'action », « Vrai socialisme », « Science
allemande du socialisme », « Fondement philosophique du
socialisme », etc**
»Toimintafilosofia», »todellinen sosialismi», »saksalainen
sosialismin tiede», »sosialismin filosofinen perusta» jne.
**La littérature socialiste et communiste française est ainsi
complètement émasculée**
Ranskan sosialistinen ja kommunistinen kirjallisuus oli siten
täysin turmeltunut

entre les mains des philosophes allemands, elle cessa d'exprimer la lutte d'une classe contre l'autre

saksalaisten filosofien käsissä se lakkasi ilmaisemasta yhden luokan taistelua toisen kanssa

et c'est ainsi que les philosophes allemands se sentaient conscients d'avoir surmonté « l'unilatéralité française »

ja niin saksalaiset filosofit tunsivat olevansa tietoisia siitä, että he olivat voittaneet "ranskalaisen yksipuolisuuden"

Il n'avait pas à représenter de vraies exigences, mais plutôt des exigences de vérité

Sen ei tarvinnut edustaa todellisia vaatimuksia, pikemminkin se edusti totuuden vaatimuksia

il n'y avait pas d'intérêt pour le prolétariat, mais plutôt pour la nature humaine

proletariaatti ei ollut kiinnostunut, vaan ihmisluonto oli kiinnostunut

l'intérêt était dans l'Homme en général, qui n'appartient à aucune classe et n'a pas de réalité

kiinnostus kohdistui ihmiseen yleensä, joka ei kuulu mihinkään luokkaan ja jolla ei ole todellisuutta

un homme qui n'existe que dans le royaume brumeux de la fantaisie philosophique

Mies, joka on olemassa vain filosofisen fantasian sumuisessa valtakunnassa

mais finalement, ce socialisme allemand d'écolier perdit aussi son innocence pédante

mutta lopulta tämä koulupoika saksalainen sosialismi menetti myös pedanttisen viattomuutensa

la bourgeoisie allemande, et surtout la bourgeoisie prussienne, luttait contre l'aristocratie féodale

Saksan porvaristo ja erityisesti Preussin porvaristo taistelivat feodaalista aristokratiaa vastaan

la monarchie absolue de l'Allemagne et de la Prusse était également combattue

Saksan ja Preussin absoluuttista monarkiaa vastustettiin myös

Et à son tour, la littérature du mouvement libéral est
également devenue plus sérieuse
Ja puolestaan liberaalin liikkeen kirjallisuus muuttui
vakavammaksi
L'Allemagne a eu l'occasion longtemps souhaitée par le «
vrai » socialisme de se voir offrir
Saksan kauan toivoma mahdollisuus "todelliseen" sosialismiin
tarjottiin
l'occasion de confronter le mouvement politique aux
revendications socialistes
mahdollisuus kohdata poliittinen liike sosialististen
vaatimusten kanssa
l'occasion de jeter les anathèmes traditionnels contre le
libéralisme
mahdollisuus heittää perinteiset anateemat liberalismia
vastaan
l'occasion d'attaquer le gouvernement représentatif et la
concurrence bourgeoise
mahdollisuus hyökätä edustuksellisen hallituksen ja
porvariston kilpailua vastaan
Liberté de la presse bourgeoise, législation bourgeoise,
liberté et égalité bourgeoise
Porvariston lehdistönvapaus, porvariston lainsäädäntö,
porvariston vapaus ja tasa-arvo
Tout cela pourrait maintenant être critiqué dans le monde
réel, plutôt que dans la fantaisie
Kaikkia näitä voitaisiin nyt kritisoida todellisessa maailmassa
fantasian sijaan
L'aristocratie féodale et la monarchie absolue prêchaient
depuis longtemps aux masses
Feodaalinen aristokratia ja absoluuttinen monarkia olivat
pitkään saarnanneet massoille
« L'ouvrier n'a rien à perdre, et il a tout à gagner »
"Työläisellä ei ole mitään menetettävää, ja hänellä on kaikki
voitettavanaan."

le mouvement bourgeois offrait aussi une chance de se confronter à ces platitudes
Porvarisliike tarjosi myös mahdollisuuden kohdata nämä latteudet

la critique française présupposait l'existence d'une société bourgeoise moderne
Ranskan kritiikki edellytti modernin porvariston yhteiskunnan olemassaoloa

Conditions économiques d'existence de la bourgeoisie et constitution politique de la bourgeoisie
Porvariston taloudelliset olemassaoloehdot ja porvariston poliittinen perustuslaki

les choses mêmes dont la réalisation était l'objet de la lutte imminente en Allemagne
juuri ne asiat, joiden saavuttaminen oli Saksassa vireillä olevan taistelun kohteena

L'écho stupide du socialisme en Allemagne a abandonné ces objectifs juste à temps
Saksan typerä sosialismin kaiku hylkäsi nämä tavoitteet aivan viime hetkellä

Les gouvernements absolus avaient leur suite de pasteurs, de professeurs, d'écuyers de campagne et de fonctionnaires
Absoluuttisilla hallituksilla oli seuraajiaan pappeja, professoreita, maaorjia ja virkamiehiä

le gouvernement de l'époque a répondu aux soulèvements de la classe ouvrière allemande par des coups de fouet et des balles
Silloinen hallitus kohtasi Saksan työväenluokan kapinat ruoskimisin ja luodein

pour eux, ce socialisme était un épouvantail bienvenu contre la bourgeoisie menaçante
heille tämä sosialismi toimi tervetulleena variksenpelättimenä uhkaavaa porvaristoa vastaan

et le gouvernement allemand a pu offrir un dessert sucré après les pilules amères qu'il a distribuées

ja Saksan hallitus pystyi tarjoamaan makean jälkiruoan
jakamiensa katkerien pillereiden jälkeen
ce « vrai » socialisme servait donc aux gouvernements
d'arme pour combattre la bourgeoisie allemande
Tämä »todellinen» sosialismi palveli siten hallituksia aseena
taistelussa Saksan porvaristoa vastaan
et, en même temps, il représentait directement un intérêt
réactionnaire ; celle des Philistins allemands
ja samalla se edusti suoraan taantumuksellista etua;
saksalaisten filistealaisten
En Allemagne, la petite bourgeoisie est la véritable base
sociale de l'état de choses actuel
Saksassa pikkuporvaristo on vallitsevan asiaintilan todellinen
yhteiskunnallinen perusta
une relique du XVIe siècle qui n'a cessé de surgir sous
diverses formes
kuudennentoista vuosisadan muistomerkki, joka on jatkuvasti
kasvanut eri muodoissa
Conserver cette classe, c'est préserver l'état de choses
existant en Allemagne
Tämän luokan säilyttäminen on säilyttää Saksan nykyinen
tilanne
La suprématie industrielle et politique de la bourgeoisie
menace la petite bourgeoisie d'une destruction certaine
Porvariston teollinen ja poliittinen ylivalta uhkaa
pikkuporvaristoa varmalla tuholla
d'une part, elle menace de détruire la petite bourgeoisie par
la concentration du capital
toisaalta se uhkaa tuhota pikkuporvariston keskittämällä
pääomaa
d'autre part, la bourgeoisie menace de la détruire par
l'avènement d'un prolétariat révolutionnaire
toisaalta porvaristo uhkaa tuhota sen vallankumouksellisen
proletariaatin nousun kautta
Le « vrai » socialisme semblait faire d'une pierre deux coups.
Il s'est répandu comme une épidémie

"Todellinen" sosialismi näytti tappavan nämä kaksi kärpästä yhdellä iskulla. Se levisi kuin epidemia

La robe de toiles d'araignées spéculatives, brodée de fleurs de rhétorique, trempée dans la rosée du sentiment maladif

Spekulatiivisten hämähäkinseittien viitta, kirjailtu retoriikan kukilla, täynnä sairaiden tunteiden kastetta

cette robe transcendantale dans laquelle les socialistes allemands enveloppaient leurs tristes « vérités éternelles »

tämä transsendenttinen viitta, johon saksalaiset sosialistit käärivät surkeat »ikuiset totuutensa»

tout de peau et d'os, servaient à augmenter merveilleusement la vente de leurs marchandises auprès d'un public aussi

kaikki nahka ja luu, palveli ihmeellisesti lisäämään heidän tavaroidensa myyntiä tällaisen yleisön keskuudessa

Et de son côté, le socialisme allemand reconnaissait de plus en plus sa propre vocation

Ja omalta osaltaan saksalainen sosialismi tunnusti yhä enemmän oman kutsumuksensa

on l'appelait à être le représentant grandiloquent de la petite-bourgeoisie philistine

se kutsuttiin pikkuporvariston filistealaisen mahtipontiseksi edustajaksi

Il proclamait que la nation allemande était la nation modèle, et le petit philistin allemand l'homme modèle

Se julisti Saksan kansan mallikansaksi ja saksalaisen pikkufilistealaisen mallimieheksi

À chaque méchanceté de cet homme modèle, elle donnait une interprétation socialiste cachée, plus élevée

Tämän mallimiehen jokaiselle ilkeälle ilkeydelle se antoi piilotetun, korkeamman, sosialistisen tulkinnan

cette interprétation socialiste supérieure était l'exact contraire de son caractère réel

tämä korkeampi, sosialistinen tulkinta oli täysin päinvastainen kuin sen todellinen luonne

**Il est allé jusqu'à s'opposer directement à la tendance «
brutalement destructrice » du communisme**

Se meni äärimmäisyyksiin vastustaakseen suoraan
kommunismin "brutaalin tuhoisaa" suuntausta

**et il proclamait son mépris suprême et impartial de toutes
les luttes de classes**

ja se julisti mitä korkeinta ja puolueetonta halveksuntaa
kaikkia luokkataisteluja kohtaan

**À de très rares exceptions près, toutes les publications dites
socialistes et communistes qui circulent aujourd'hui (1847)
en Allemagne appartiennent au domaine de cette littérature
nauséabonde et énervante**

Hyvin harvoja poikkeuksia lukuun ottamatta kaikki niin
sanotut sosialistiset ja kommunistiset julkaisut, jotka nyt
(1847) kiertävät Saksassa, kuuluvat tämän likaisen ja
hermostuttavan kirjallisuuden alaan

2) Le socialisme conservateur ou le socialisme bourgeois
2) Konservatiivinen sosialismi tai porvariston sosialismi

Une partie de la bourgeoisie est désireuse de redresser les griefs sociaux
Osa porvaristosta haluaa korjata yhteiskunnalliset epäkohdat
afin d'assurer la pérennité de la société bourgeoise
porvariston yhteiskunnan jatkuvan olemassaolon turvaamiseksi
C'est à cette section qu'appartiennent les économistes, les philanthropes, les humanitaires
Tähän osaan kuuluvat taloustieteilijät, hyväntekijät, humanitaariset
améliorateurs de la condition de la classe ouvrière et organisateurs de la charité
työväenluokan aseman parantajat ja hyväntekeväisyyden järjestäjät
membres des sociétés de prévention de la cruauté envers les animaux
eläimiin kohdistuvan julmuuden ehkäisemistä käsittelevien yhdistysten jäsenet
fanatiques de la tempérance, réformateurs de toutes sortes imaginables
Raittiusfanaatikkoja, kaikenlaisia reikä- ja kulmauudistajia
Cette forme de socialisme a, d'ailleurs, été élaborée en systèmes complets
Tämä sosialismin muoto on sitä paitsi kehitetty täydellisiksi järjestelmiksi
On peut citer la « Philosophie de la Misère » de Proudhon comme exemple de cette forme
Voimme mainita Proudhonin teoksen "Philosophie de la Misère" esimerkkinä tästä muodosta
La bourgeoisie socialiste veut tous les avantages des conditions sociales modernes
Eserrinen porvaristo haluaa kaikki nykyaikaisten yhteiskunnallisten olojen edut

mais la bourgeoisie socialiste ne veut pas nécessairement des luttes et des dangers qui en résultent

mutta sosialistinen porvaristo ei välttämättä halua siitä johtuvia taisteluja ja vaaroja

Ils désirent l'état actuel de la société, sans ses éléments révolutionnaires et désintégrateurs

He haluavat olemassa olevan yhteiskunnan tilan, josta on vähennetty sen vallankumoukselliset ja hajoavat elementit

c'est-à-dire qu'ils veulent une bourgeoisie sans prolétariat

toisin sanoen he toivovat porvaristoa ilman proletariaattia

La bourgeoisie conçoit naturellement le monde dans lequel elle est souveraine d'être la meilleure

Porvaristo käsittää luonnollisesti maailman, jossa se on korkein ollakseen paras

et le socialisme bourgeois développe cette conception confortable en divers systèmes plus ou moins complets

ja porvaristo sosialismi kehittää tämän mukavan käsityksen erilaisiksi enemmän tai vähemmän täydellisiksi järjestelmiksi

ils voudraient beaucoup que le prolétariat marche droit dans la Nouvelle Jérusalem sociale

he haluaisivat kovasti proletariaatin marssivan suoraan sosiaaliseen Uuteen Jerusalemiin

Mais en réalité, elle exige du prolétariat qu'il reste dans les limites de la société existante

Mutta todellisuudessa se vaatii proletariaattia pysymään olemassa olevan yhteiskunnan rajoissa

ils demandent au prolétariat de se débarrasser de toutes ses idées haineuses sur la bourgeoisie

he pyytävät proletariaattia hylkäämään kaikki porvaristoa koskevat vihamieliset ajatuksensa

il y a une seconde forme plus pratique, mais moins systématique, de ce socialisme

tästä sosialismista on toinen, käytännöllisempi, mutta vähemmän järjestelmällinen muoto

Cette forme de socialisme cherchait à déprécier tout mouvement révolutionnaire aux yeux de la classe ouvrière

Tämä sosialismin muoto pyrki alentamaan jokaisen
vallankumouksellisen liikkeen työväenluokan silmissä
**Ils soutiennent qu'aucune simple réforme politique ne
pourrait leur être d'un quelconque avantage**
He väittävät, ettei mikään pelkkä poliittinen uudistus voisi
hyödyttää heitä
**Seul un changement dans les conditions matérielles
d'existence dans les relations économiques est bénéfique**
Vain taloudellisten suhteiden aineellisten olemassaoloehtojen
muutoksesta on hyötyä
**Comme le communisme, cette forme de socialisme prône un
changement des conditions matérielles d'existence**
Kuten kommunismi, tämä sosialismin muoto kannattaa
muutosta olemassaolon aineellisissa olosuhteissa
**Cependant, cette forme de socialisme ne suggère nullement
l'abolition des rapports de production bourgeois**
Tämä sosialismin muoto ei kuitenkaan missään tapauksessa
merkitse porvariston tuotantosuhteiden lakkauttamista
**l'abolition des rapports de production bourgeois ne peut se
faire que par la révolution**
porvariston tuotantosuhteiden lakkauttaminen voidaan
saavuttaa vain vallankumouksen avulla
**Mais au lieu d'une révolution, cette forme de socialisme
suggère des réformes administratives**
Mutta vallankumouksen sijasta tämä sosialismin muoto
ehdottaa hallinnollisia uudistuksia
**et ces réformes administratives seraient fondées sur la
pérennité de ces relations**
ja nämä hallinnolliset uudistukset perustuisivat näiden
suhteiden jatkumiseen
**réformes qui n'affectent en rien les rapports entre le capital
et le travail**
uudistukset, jotka eivät millään tavoin vaikuta pääoman ja
työn välisiin suhteisiin
**au mieux, de telles réformes réduisent le coût et simplifient
le travail administratif du gouvernement bourgeois**

parhaimmillaan tällaiset uudistukset vähentävät kustannuksia ja yksinkertaistavat porvariston hallituksen hallinnollista työtä

Le socialisme bourgeois atteint une expression adéquate lorsque, et seulement lorsque, il devient une simple figure de style

Porvarillinen sosialismi saavuttaa riittävän ilmaisun silloin ja vain silloin, kun siitä tulee pelkkä kielikuva

Le libre-échange : au profit de la classe ouvrière

Vapaakauppa: työväenluokan hyväksi

Les devoirs protecteurs : au profit de la classe ouvrière

Suojeluvelvollisuudet: työväenluokan hyväksi

Réforme pénitentiaire : au profit de la classe ouvrière

Vankilauudistus: työväenluokan hyväksi

C'est le dernier mot et le seul mot sérieux du socialisme bourgeois

Tämä on porvarissosialismin viimeinen sana ja ainoa vakavasti tarkoittava sana

Elle se résume dans la phrase : la bourgeoisie est une bourgeoisie au profit de la classe ouvrière

Se kiteytyy lauseeseen: porvaristo on porvaristo työväenluokan hyväksi

3) Socialisme et communisme utopiques critiques
3) Kriittis-utopistinen sosialismi ja kommunismi

Nous ne nous référons pas ici à la littérature qui a toujours donné la parole aux revendications du prolétariat
Emme viittaa tässä siihen kirjallisuuteen, joka on aina antanut äänen proletariaatin vaatimuksille
cela a été présent dans toutes les grandes révolutions modernes, comme les écrits de Babeuf et d'autres
Tämä on ollut läsnä jokaisessa suuressa modernissa vallankumouksessa, kuten Babeufin ja muiden kirjoituksissa
Les premières tentatives directes du prolétariat pour parvenir à ses propres fins échouèrent nécessairement
Proletariaatin ensimmäiset suorat yritykset saavuttaa omat päämääränsä epäonnistuivat välttämättä
Ces tentatives ont été faites dans des temps d'effervescence universelle, lorsque la société féodale était renversée
Nämä yritykset tehtiin yleisen jännityksen aikoina, kun feodaalinen yhteiskunta kukistettiin
L'état alors peu développé du prolétariat a conduit à l'échec de ces tentatives
Proletariaatin silloinen kehittymätön tila johti näiden yritysten epäonnistumiseen
et ils ont échoué en raison de l'absence des conditions économiques pour son émancipation
Ja he epäonnistuivat, koska sen vapautumiselle ei ollut taloudellisia edellytyksiä
conditions qui n'avaient pas encore été produites, et qui ne pouvaient être produites que par l'époque de la bourgeoisie
olosuhteet, joita ei ollut vielä tuotettu ja jotka vain lähestyvä porvariston aikakausi voisi tuottaa
La littérature révolutionnaire qui accompagnait ces premiers mouvements du prolétariat avait nécessairement un caractère réactionnaire

Vallankumouksellisella kirjallisuudella, joka seurasi näitä proletariaatin ensimmäisiä liikkeitä, oli väistämättä taantumuksellinen luonne

Cette littérature inculquait l'ascétisme universel et le nivellement social dans sa forme la plus grossière
Tämä kirjallisuus juurrutti universaalin askeesin ja sosiaalisen tasapäistämisen karkeimmassa muodossaan

Les systèmes socialistes et communistes, proprement dits, naissent au début de la période sous-développée
Sosialistiset ja kommunistiset järjestelmät, varsinaisesti niin kutsutut, syntyvät varhaisella kehittymättömällä kaudella

Saint-Simon, Fourier, Owen et d'autres, ont décrit la lutte entre le prolétariat et la bourgeoisie (voir section 1)
Saint-Simon, Fourier, Owen ja muut kuvasivat proletariaatin ja porvariston välistä taistelua (katso osa 1)

Les fondateurs de ces systèmes voient, en effet, les antagonismes de classe
Näiden järjestelmien perustajat näkevät todellakin luokkavastakohdat

Ils voient aussi l'action des éléments en décomposition, dans la forme dominante de la société
He näkevät myös hajoavien elementtien toiminnan vallitsevassa yhteiskuntamuodossa

Mais le prolétariat, encore à ses débuts, leur offre le spectacle d'une classe sans aucune initiative historique
Mutta proletariaatti, joka on vielä lapsenkengissään, tarjoaa heille luokan spektaakkelin ilman mitään historiallista aloitetta

Ils voient le spectacle d'une classe sociale sans aucun mouvement politique indépendant
He näkevät spektaakkelin yhteiskuntaluokasta ilman itsenäistä poliittista liikettä

Le développement de l'antagonisme de classe va de pair avec le développement de l'industrie
luokkavastakohtaisuuden kehittyminen pysyy tasaisena teollisuuden kehityksen kanssa

La situation économique ne leur offre donc pas encore les conditions matérielles de l'émancipation du prolétariat
Niinpä taloudellinen tilanne ei vielä tarjoa heille aineellisia edellytyksiä proletariaatin vapautumiselle
Ils cherchent donc une nouvelle science sociale, de nouvelles lois sociales, qui doivent créer ces conditions
Siksi he etsivät uutta yhteiskuntatiedettä, uusia sosiaalisia lakeja, joiden on määrä luoda nämä olosuhteet
l'action historique, c'est céder à leur action inventive personnelle
Historiallinen toiminta on taipumista heidän henkilökohtaiseen kekseliäisyyteensä
Les conditions d'émancipation créées historiquement doivent céder la place à des conditions fantastiques
Historiallisesti luodut vapautumisen olosuhteet antavat periksi fantastisille olosuhteille
et l'organisation de classe graduelle et spontanée du prolétariat doit céder la place à l'organisation de la société
ja proletariaatin asteittainen, spontaani luokkaorganisaatio antaa periksi yhteiskunnan organisoinnille
l'organisation de la société spécialement conçue par ces inventeurs
näiden keksijöiden erityisesti keksimä yhteiskuntaorganisaatio
L'histoire future se résout, à leurs yeux, dans la propagande et l'exécution pratique de leurs projets sociaux
Tulevaisuuden historia ratkeaa heidän silmissään heidän yhteiskunnallisten suunnitelmiensa propagandaan ja käytännön toteuttamiseen
Dans l'élaboration de leurs plans, ils ont conscience de s'occuper avant tout des intérêts de la classe ouvrière
Suunnitelmiaan laatiessaan he ovat tietoisia siitä, että he huolehtivat pääasiassa työväenluokan eduista
Ce n'est que du point de vue d'être la classe la plus souffrante que le prolétariat existe pour eux
Proletariaatti on olemassa heitä varten vain siitä näkökulmasta, että se on kaikkein kärsivin luokka

L'état sous-développé de la lutte des classes et leur propre environnement informent leurs opinions
Luokkataistelun kehittymätön tila ja oma ympäristö kertovat heidän mielipiteistään

Les socialistes de ce genre se considèrent comme bien supérieurs à tous les antagonismes de classe
Tällaiset sosialistit pitävät itseään paljon kaikkia luokkavastakohtia ylempänä

Ils veulent améliorer la condition de tous les membres de la société, même celle des plus favorisés
He haluavat parantaa jokaisen yhteiskunnan jäsenen, myös kaikkein suosituimmuusasemassa olevien, oloja

Par conséquent, ils s'adressent habituellement à la société dans son ensemble, sans distinction de classe
Siksi heillä on tapana vedota koko yhteiskuntaan luokkaerottelusta riippumatta

Bien plus, ils font appel à la société dans son ensemble de préférence à la classe dirigeante
Ei, he vetoavat koko yhteiskuntaan mieluummin kuin hallitsevaan luokkaan

Pour eux, tout ce qu'il faut, c'est que les autres comprennent leur système
Heille se vaatii vain, että muut ymmärtävät heidän järjestelmänsä

Car comment les gens peuvent-ils ne pas voir que le meilleur plan possible est le meilleur état possible de la société ?
Sillä miten ihmiset voivat olla näkemättä, että paras mahdollinen suunnitelma on yhteiskunnan paras mahdollinen tila?

C'est pourquoi ils rejettent toute action politique, et surtout toute action révolutionnaire
Siksi he hylkäävät kaiken poliittisen ja erityisesti kaiken vallankumouksellisen toiminnan

ils veulent arriver à leurs fins par des moyens pacifiques
he haluavat saavuttaa päämääränsä rauhanomaisin keinoin

ils s'efforcent, par de petites expériences, qui sont
nécessairement vouées à l'échec
He pyrkivät pienillä kokeiluilla, jotka ovat väistämättä
tuomittuja epäonnistumaan
et par la force de l'exemple, ils essaient d'ouvrir la voie au
nouvel Évangile social
ja esimerkin voimalla he yrittävät tasoittaa tietä uudelle
sosiaaliselle evankeliumille
De tels tableaux fantastiques de la société future, peints à
une époque où le prolétariat est encore dans un état très
sous-développé
Tällaisia fantastisia kuvia tulevasta yhteiskunnasta, maalattu
aikana, jolloin proletariaatti on vielä hyvin kehittymättömässä
tilassa
et il n'a encore qu'une conception fantasmatique de sa
propre position
ja sillä on edelleen vain mielikuvituksellinen käsitys omasta
asemastaan
Mais leurs premières aspirations instinctives correspondent
aux aspirations du prolétariat
Mutta heidän ensimmäiset vaistomaiset kaipauksensa
vastaavat proletariaatin kaipausta
L'un et l'autre aspirent à une reconstruction générale de la
société
Molemmat kaipaavat yhteiskunnan yleistä jälleenrakentamista
Mais ces publications socialistes et communistes
contiennent aussi un élément critique
Mutta nämä sosialistiset ja kommunistiset julkaisut sisältävät
myös kriittisen elementin
Ils s'attaquent à tous les principes de la société existante
He hyökkäävät kaikkia olemassa olevan yhteiskunnan
periaatteita vastaan
C'est pourquoi ils sont remplis des matériaux les plus
précieux pour l'illumination de la classe ouvrière
Siksi ne ovat täynnä arvokkainta materiaalia työväenluokan
valistamiseksi

Ils proposent l'abolition de la distinction entre la ville et la campagne, et la famille
He ehdottavat kaupungin ja maaseudun sekä perheen välisen eron poistamista
la suppression de l'exercice de l'industrie pour le compte des particuliers
teollisuuden harjoittamisen lopettaminen yksityishenkilöiden lukuun
et l'abolition du salariat et la proclamation de l'harmonie sociale
ja palkkausjärjestelmän lakkauttaminen ja yhteiskunnallisen sopusoinnun julistaminen
la transformation des fonctions de l'État en une simple surveillance de la production
valtion tehtävien muuttaminen pelkäksi tuotannon valvonnaksi
Toutes ces propositions ne pointent que vers la disparition des antagonismes de classe
Kaikki nämä ehdotukset viittaavat yksinomaan luokkavastakohtien häviämiseen
Les antagonismes de classe ne faisaient alors que surgir
Luokkavastakohtaisuudet olivat tuolloin vasta ilmaantumassa
Dans ces publications, ces antagonismes de classe ne sont reconnus que dans leurs formes les plus anciennes, indistinctes et indéfinies
Näissä julkaisuissa nämä luokkavastakohdat tunnistetaan vain varhaisimmissa, epäselvissä ja määrittelemättömissä muodoissaan
Ces propositions ont donc un caractère purement utopique
Nämä ehdotukset ovat siis luonteeltaan puhtaasti utopistisia
La signification du socialisme et du communisme critiques-utopiques est en relation inverse avec le développement historique
Kriittis-utopistisen sosialismin ja kommunismin merkitys on käänteisessä suhteessa historialliseen kehitykseen

La lutte de classe moderne se développera et continuera à prendre une forme définitive

Nykyaikainen luokkataistelu tulee kehittymään ja jatkamaan selvää muotoutumistaan

Cette réputation fantastique du concours perdra toute valeur pratique

Tämä fantastinen asema kilpailussa menettää kaiken käytännön arvon

Ces attaques fantastiques contre les antagonismes de classe perdront toute justification théorique

Nämä mielikuvitukselliset hyökkäykset luokkavastakohtaisuuksia vastaan menettävät kaiken teoreettisen oikeutuksen

Les initiateurs de ces systèmes étaient, à bien des égards, révolutionnaires

Näiden järjestelmien alullepanijat olivat monessa suhteessa vallankumouksellisia

Mais leurs disciples n'ont, dans tous les cas, formé que des sectes réactionnaires

Mutta heidän opetuslapsensa ovat joka tapauksessa muodostaneet pelkkiä taantumuksellisia lahkoja

Ils s'en tiennent fermement aux vues originales de leurs maîtres

He pitävät tiukasti kiinni mestareidensa alkuperäisistä näkemyksistä

Mais ces vues s'opposent au développement historique progressif du prolétariat

Mutta nämä näkemykset ovat ristiriidassa proletariaatin asteittaisen historiallisen kehityksen kanssa

Ils s'efforcent donc, et cela constamment, d'étouffer la lutte des classes

Siksi he pyrkivät johdonmukaisesti tukahduttamaan luokkataistelun

et ils s'efforcent constamment de concilier les antagonismes de classe

ja he pyrkivät johdonmukaisesti sovittamaan yhteen
luokkavastakohdat
**Ils rêvent encore de la réalisation expérimentale de leurs
utopies sociales**
He haaveilevat yhä sosiaalisten utopioidensa kokeellisesta
toteuttamisesta
**ils rêvent encore de fonder des « phalanstères » isolés et
d'établir des « colonies d'origine »**
he haaveilevat edelleen eristettyjen "falanstereiden"
perustamisesta ja "kotisiirtokuntien" perustamisesta
**ils rêvent de mettre en place une « Petite Icarie » – éditions
duodecimo de la Nouvelle Jérusalem**
he haaveilevat perustavansa "Pikku Icaria" - Uuden
Jerusalemin duodecimo-painokset
Et ils rêvent de réaliser tous ces châteaux dans les airs
Ja he unelmoivat toteuttavansa kaikki nämä linnat ilmassa
**Ils sont obligés de faire appel aux sentiments et aux bourses
des bourgeois**
Heidän on pakko vedota porvariston tunteisiin ja kukkaroihin
**Peu à peu, ils s'enfoncent dans la catégorie des socialistes
conservateurs réactionnaires décrits ci-dessus**
Vähitellen he vajoavat edellä kuvattujen taantumuksellisten
konservatiivisosialistien luokkaan
**ils ne diffèrent de ceux-ci que par une pédanterie plus
systématique**
Ne eroavat näistä vain järjestelmällisemmällä
pedanttisuudella
**et ils diffèrent par leur croyance fanatique et superstitieuse
aux effets miraculeux de leur science sociale**
Ja he eroavat toisistaan fanaattisella ja taikauskoisella
uskomuksellaan yhteiskuntatieteensä ihmeellisiin
vaikutuksiin
**Ils s'opposent donc violemment à toute action politique de
la part de la classe ouvrière**
Siksi he vastustavat väkivaltaisesti kaikkea työväenluokan
poliittista toimintaa

une telle action, selon eux, ne peut résulter que d'une
incrédulité aveugle dans le nouvel Évangile
Heidän mukaansa tällainen toiminta voi johtua vain sokeasta
epäuskosta uuteen evankeliumiin
**Les owénistes en Angleterre et les fouriéristes en France
s'opposent respectivement aux chartistes et aux réformistes**
Englannin oweniitit ja Ranskan fourieristit vastustavat
chartisteja ja "reformisteja"

Position des communistes par rapport aux divers partis d'opposition existants
Kommunistien asema suhteessa olemassa oleviin eri oppositiopuolueisiin

La section II a mis en évidence les relations des communistes avec les partis ouvriers existants
II jakso on tehnyt selväksi kommunistien suhteet olemassa oleviin työväenluokan puolueisiin
comme les chartistes en Angleterre et les réformateurs agraires en Amérique
kuten chartistit Englannissa ja maatalouden uudistajat Amerikassa
Les communistes luttent pour la réalisation des objectifs immédiats
Kommunistit taistelevat välittömien tavoitteiden saavuttamiseksi
Ils luttent pour l'application des intérêts momentanés de la classe ouvrière
He taistelevat työväenluokan hetkellisten etujen toteuttamiseksi
Mais dans le mouvement politique d'aujourd'hui, ils représentent et s'occupent aussi de l'avenir de ce mouvement
Mutta nykyhetken poliittisessa liikkeessä he myös edustavat ja huolehtivat tuon liikkeen tulevaisuudesta
En France, les communistes s'allient avec les social-démocrates
Ranskassa kommunistit liittoutuvat sosialidemokraattien kanssa
et ils se positionnent contre la bourgeoisie conservatrice et radicale
ja he asettuvat konservatiivista ja radikaalia porvaristoa vastaan

cependant, ils se réservent le droit d'adopter une position
critique à l'égard des phrases et des illusions
traditionnellement héritées de la grande Révolution
He pidättävät kuitenkin itselleen oikeuden ottaa kriittisen
kannan suuresta vallankumouksesta perinteisesti annettuihin
lauseisiin ja illuusioihin
En Suisse, ils soutiennent les radicaux, sans perdre de vue
que ce parti est composé d'éléments antagonistes
Sveitsissä he tukevat radikaaleja unohtamatta sitä, että tämä
puolue koostuu antagonistisista aineksista
en partie des socialistes démocrates, au sens français du
terme, en partie de la bourgeoisie radicale
osittain demokraattisia sosialisteja ranskalaisessa mielessä,
osittain radikaalia porvaristoa
En Pologne, ils soutiennent le parti qui insiste sur la
révolution agraire comme condition première de
l'émancipation nationale
Puolassa he tukevat puoluetta, joka vaatii
agraarivallankumousta kansallisen vapautumisen
ensisijaiseksi edellytykseksi
ce parti qui fomenta l'insurrection de Cracovie en 1846
puolue, joka lietsoi Krakovan kapinaa vuonna 1846
En Allemagne, ils luttent avec la bourgeoisie chaque fois
qu'elle agit de manière révolutionnaire
Saksassa he taistelevat porvariston kanssa aina, kun se toimii
vallankumouksellisella tavalla
contre la monarchie absolue, l'escroc féodal et la petite
bourgeoisie
absoluuttista monarkiaa, feodaalista oravaa ja
pikkuporvaristoa vastaan
Mais ils ne cessent jamais, un seul instant, inculquer à la
classe ouvrière une idée particulière
Mutta he eivät koskaan lakkaa hetkeksikään juurruttamasta
työväenluokkaan yhtä erityistä ajatusta
la reconnaissance la plus claire possible de l'antagonisme
hostile entre la bourgeoisie et le prolétariat

porvariston ja proletariaatin välisen vihamielisen
vastakkainasettelun mahdollisimman selvä tunnustaminen
**afin que les ouvriers allemands puissent immédiatement
utiliser les armes dont ils disposent**
jotta saksalaiset työläiset voisivat heti käyttää käytettävissään
olevia aseita
**les conditions sociales et politiques que la bourgeoisie doit
nécessairement introduire en même temps que sa
suprématie**
yhteiskunnalliset ja poliittiset olosuhteet, jotka porvariston on
välttämättä otettava käyttöön ylivaltansa ohella
**la chute des classes réactionnaires en Allemagne est
inévitable**
taantumuksellisten luokkien kaatuminen Saksassa on
väistämätöntä
**et alors la lutte contre la bourgeoisie elle-même peut
commencer immédiatement**
ja sitten taistelu itse porvaristoa vastaan voi heti alkaa
**Les communistes tournent leur attention principalement
vers l'Allemagne, parce que ce pays est à la veille d'une
révolution bourgeoise**
Kommunistit kääntävät huomionsa etupäässä Saksaan, koska
se on porvariston vallankumouksen kynnyksellä
**une révolution qui ne manquera pas de s'accomplir dans des
conditions plus avancées de la civilisation européenne**
vallankumous, joka on pakko toteuttaa eurooppalaisen
sivilisaation edistyneemmissä olosuhteissa
**Et elle ne manquera pas de se faire avec un prolétariat
beaucoup plus développé**
ja se on pakko toteuttaa paljon kehittyneemmän proletariaatin
kanssa
**un prolétariat plus avancé que celui de l'Angleterre au XVIIe
siècle, et celui de la France au XVIIIe siècle**
proletariaatti, joka oli edistyneempi kuin Englannissa, oli
seitsemännellätoista vuosisadalla ja Ranskassa
kahdeksastoista-luvulla

et parce que la révolution bourgeoise en Allemagne ne sera que le prélude d'une révolution prolétarienne qui suivra immédiatement

ja koska porvariston vallankumous Saksassa tulee olemaan vain alkusoittoa välittömästi seuraavalle proletaariselle vallankumoukselle

Bref, partout les communistes soutiennent tout mouvement révolutionnaire contre l'ordre social et politique existant

Lyhyesti sanottuna, kommunistit kaikkialla tukevat jokaista vallankumouksellista liikettä vallitsevaa yhteiskunnallista ja poliittista järjestystä vastaan

Dans tous ces mouvements, ils mettent au premier plan, comme la question maîtresse de chacun d'eux, la question de la propriété

Kaikissa näissä liikkeissä he tuovat eteen, johtavana kysymyksenä kussakin, omaisuuskysymyksen

quel que soit son degré de développement dans ce pays à ce moment-là

riippumatta siitä, mikä sen kehitysaste on kyseisessä maassa tuolloin;

Enfin, ils œuvrent partout pour l'union et l'accord des partis démocratiques de tous les pays

Lopuksi he työskentelevät kaikkialla kaikkien maiden demokraattisten puolueiden liiton ja sopimuksen puolesta

Les communistes dédaignent de dissimuler leurs vues et leurs objectifs

Kommunistit eivät halua salata näkemyksiään ja tavoitteitaan

Ils déclarent ouvertement que leurs fins ne peuvent être atteintes que par le renversement par la force de toutes les conditions sociales existantes

He julistavat avoimesti, että heidän päämääränsä voidaan saavuttaa vain kukistamalla voimakeinoin kaikki olemassa olevat yhteiskunnalliset olot

Que les classes dirigeantes tremblent devant une révolution communiste

Annetaan hallitsevien luokkien vapisemaan kommunistisesta vallankumouksesta

Les prolétaires n'ont rien d'autre à perdre que leurs chaînes

Proletaareilla ei ole muuta menetettävää kuin kahleensa

Ils ont un monde à gagner

Heillä on maailma voitettavana

TRAVAILLEURS DE TOUS LES PAYS, UNISSEZ-VOUS !

KAIKKIEN MAIDEN TYÖLÄISET, LIITTYKÄÄ YHTEEN!